DÉCORATION BRICOLAGE

Tous les conseils
et astuces de

Valérie Damidot

avec la collaboration rédactionnelle de Marie Vendittelli

Direction : Jean-François Moruzzi (Hachette Pratique) • Franck Tirlot (M6 éditions)
Direction éditoriale : Pierre-Jean Furet/Stéphanie Pelleray (M6 éditions)
Édition : Marie-Catherine Reumaux assistée de Clotilde Alaguillaume (Hachette Pratique)
Marie Paumier assistée de Johann Choron (M6 éditions)
Illustrations : Céline Couleuvre
Corrections : Marie-Édith Bernard
Conception intérieure et réalisation : Marie Vendittelli & Philippe Latombe
Couverture : Nicole Dassonville
Photo de couverture : © Pierre-Olivier
Fabrication : Amélie Latsch
Responsable partenariats : Sophie Augereau (01 43 92 36 82)

FREMANTLEMEDIA

Produit en France par 20h50
D&CO. Marque déposée par Métropole Télévision

Remerciements à Florence Magnier et Magali Etienne

DÉCORATION BRICOLAGE

Tous les conseils et astuces de

Valérie Damidot

avec la collaboration rédactionnelle de Marie Vendittelli

HACHETTE
Pratique
M6 EDITIONS

D&

Sommaire

Édito

Bonjour à toi, cher lecteur !

Tu viens d'acheter mon livre, c'est donc que tu as décidé de prendre les choses en main côté déco dans ton « home sweet home » ! J'espère que tu trouveras dans ces pages quelques bonnes idées qui t'aideront à redécorer ta maison !

La première règle en déco (si toutefois il y en a une !), c'est que si tu embarques avec toi dans ce projet un ami, ton (ou ta) chéri(e), tata Jeannette ou tes parents, il y a forcément un moment où le ton va monter, où les pinceaux vont voler, où peut-être même tu auras envie de maroufler la truffe de ton ou tes partenaire(s) de déco…

Sache, cher lecteur, que tous ces sentiments sont normaux…

Entreprendre de changer de décor, c'est très stressant ; on a peur de mal faire, on se sent un peu nul(le), on n'ose pas réaliser ses rêves les plus fous. Bref, c'est pas facile…

Surtout, n'essaie pas de « copier » un style, reste toi-même, laisse parler ta personnalité, laisse ton moi profond te guider, laisse le décorateur qui sommeille en toi s'éveiller, n'essaie pas de suivre la mode, suis ton cœur. N'oublie pas que c'est toi qui va habiter dans la maison que tu décores et pas tes amis qui ne manqueront pas de railler tes choix, mais qui seront les premiers à squatter ton coin « lounge » en s'extasiant sur ta nouvelle déco, et qui une fois rentrés chez eux pesteront de ne pas avoir eu le courage de s'y mettre eux !!!

Alors pour éviter de perdre tous tes amis en un week-end, rassure-toi. La déco, c'est fastoche, c'est amusant, c'est stimulant, ça donne la méga patate (des ampoules et mal au dos aussi !). À la fin, tu es fier, tu te sens fort et invincible, tu te la pètes en invitant tes amis, tu deviens « celui qui a tout refait »… Tu es presque au niveau du super-héros...

N'oublie pas non plus que ta maison « vit », qu'elle n'est pas figée et qu'elle doit être belle mais pratique !
Si tu es parent, n'oublie pas que tes enfants ne vont pas aller habiter chez tes voisins ! Pense donc à eux au moment de trancher entre le « sublime canapé blanc non déhoussable » et le « très joli canapé lin déhoussable »…

Pense à recycler tes vieux meubles, repeins-les, ils ne méritent pas tous de finir à la décharge ; customise-les, bombe-les, patine-les, ils ont vécu de nombreuses choses avec toi !

Pense à ton budget, repère tes meubles, compare les prix, va sur Internet, achète des magazines de déco, prends ton temps !!

Achète des boissons fraîches (tu transpires et tes amis aussi), du saucisson, du pain, du jambon de pays, du fromage (les amis, ça mange aussi ; la déco, ça creuse), prépare une compil de tes tubes préférés (si tu chantes en même temps que tu peins, c'est prouvé scientifiquement, la peinture brille mieux...)

Pense surtout à faire l'acquisition d'une tenue seyante et confortable (crois-moi après 5 heures de marouflle et de peinture, tu ne ressembles à rien donc être un peu chic, ça peut aider au moral et éviter un long hurlement devant sa glace...)

Pense aussi à acheter tout le matériel nécessaire : bâches, scotch, rouleaux, bacs à peinture, pansements, aspirine, arnica (un coup de marteau est vite arrivé surtout en fin de journée après avoir monté puis démonté pour remonter dans le bon sens le buffet henswikor d'un grand magasin qui fournit toujours un manuel de guidage que seul un adepte des langues orientales maîtrise et qui trouve toujours le moyen de mettre trop de vis et pas assez de chevilles…).

Mais surtout ne t'énerve pas, il faut être calme pour réussir sa déco!

Et puis surtout, surtout, pense que si tu redécores ta maison, que tu aies un petit ou un gros budget, c'est que tu as la chance d'avoir un toit au-dessus de ta tête et crois-moi, par les temps qui courent, c'est un privilège non négligeable...

Alors, vas-y, n'aies pas peur, lance-toi, lâche-toi, fonce, et n'oublie pas : dégage les angles et marouffle bien !!

Je te souhaite une bonne lecture, une déco « juste sublime » et plein de bons souvenirs...

Après tu pourras dire : « C'est moi qui l'ai fait ! »

Allez, courage, le bout du tunnel n'est pas si loin…

Je t'embrasse

Amitiés

Valérie

La

Vous trouvez votre salon un peu tristoune… Votre salle à manger fait grise mine… Vous aimeriez bien changer la déco, mais vous ne savez pas comment vous y prendre… On va vous aider !
Retroussez vos manches, sortez vos pinceaux, et en quelques coups de peinture et de marouflette bien placés, transformez votre pièce à vivre en un lieu hyperconvivial et top tendance !
Vous pourrez ainsi inviter vos amis pour un dîner sympa autour de votre nouvelle table basse ou simplement profiter, au jour le jour, de cette nouvelle atmosphère dans laquelle vous vous sentirez vraiment bien.
Pour y arriver, suivez nos quelques conseils et surtout, lancez-vous !

pièce à vivre

Vous sentez bien que quelque chose cloche… Quelques solutions simples et tout ira mieux !

- **Les murs.** À part quelques tableaux disséminés ça et là au fil des ans, vous n'avez jamais vraiment habillé les murs, et ceux-ci n'apportent aucune ambiance réelle à la pièce. De plus, recouverts d'une peinture mate, ils éteignent l'atmosphère en empêchant la lumière de s'y refléter.
- **Les meubles.** Certes, le canapé est un peu avachi, mais vous y êtes très attaché. Qu'à cela ne tienne, vous pouvez le conserver, mais pas à cette place, car il coupe la perspective dès l'entrée ! Quant à la table basse, impossible d'y déposer plus de deux verres ; il va donc falloir en trouver une plus grande. En ce qui concerne la télévision, elle repose sur un meuble rectangulaire disposé dans un angle, ce qui prend beaucoup de place… De plus, elle regroupe à côté d'elle une profusion de câbles divers et de livres placés de manière totalement désordonnée, ce qui crée un petit fouillis, peu agréable à regarder. L'espace repas, coincé dans un angle, occupe beaucoup de place et masque une partie de la fenêtre.
- **Les sols.** Dans une pièce à vivre, le parquet, c'est parfait, mais un peu froid… Et même s'il est ici recouvert d'un tapis placé au pied du canapé, sa petite taille et sa couleur un peu passée ne permettent pas de réchauffer l'ambiance du salon.
- **Les rideaux.** Des voilages blancs, c'est sympa pour pallier les problèmes de vis-à-vis, mais la lumière qui passe au travers n'est pas très jolie et les fenêtres ne sont pas vraiment mises en valeur.
- **L'éclairage.** Ils ont beau être relégués dans un coin, on ne voit qu'eux : ces bons vieux halogènes, qui diffusent une lumière crue et triste, n'auront plus leur place dans votre nouvel univers !

Les murs

Puisque vous teniez à ce canapé chocolat, c'est cette teinte qui a été choisie pour repeindre le mur opposé. Pour donner plus de profondeur à la pièce, on a utilisé de la peinture satinée, qui a un aspect doux et velouté (voir page 13). Le reste des murs a été repeint avec une peinture blanche légèrement satinée. C'est la meilleure solution pour que la lumière puisse se refléter dans la pièce et donner ainsi l'illusion qu'elle est plus grande ! C'est de l'illusion d'optique, mais c'est très payant en déco ! Enfin, pour apporter une petite touche en plus, un lé de papier peint trompe-l'œil a été posé sur le mur de gauche, en entrant (voir page 14).

Les meubles

Le canapé a été poussé contre le mur du fond, face à l'entrée, afin d'ouvrir la perspective. Devant lui, on a placé un tapis assez grand pour accueillir la nouvelle table basse en bois sombre munie de deux tiroirs (dans lesquels cacher les télécommandes et le programme télé)

Budget D&CO

- table basse 150 €
- poufs 50 € pièce
- meuble télé à tiroirs 150 à 300 €
- tapis 160 €
- miroir 150 €
- console 200 €
- lampes à poser 15 € pièce
- spot 5 €
- rideaux de fils à partir de 15 €, rideaux de soie blanche 39 €, rideaux de lin 29 €

Tous les prix sont donnés à titre indicatif.

Avant / Après

et deux poufs en tissu dans des tons marron et beige ; un troisième a été placé au niveau de la fenêtre, à côté du fauteuil. On a remplacé le vieux meuble télé, trop petit, par un meuble blanc, long et bas muni de plusieurs tiroirs dans lesquels pourront être rangés les DVD et autres revues ; les câbles de la télé seront dissimulés derrière. Pour donner de la profondeur et de la luminosité à la pièce, on a placé un grand miroir face à la fenêtre, au-dessus d'une console de la même teinte que celle de la table basse. Une fois dépliée, elle remplacera la table de salle à manger – mais la table basse est désormais assez grande pour dîner dessus !

Les sols

Pour réchauffer le parquet et rester dans des matières et des tons naturels, on a choisi un grand tapis de sisal gansé (voir page 36).

Les rideaux

Pour remplacer les voilages un peu tristes, on a opté pour des rideaux en lin brut. Leur système d'accroche est constitué d'anneaux en acier qui rappellent les poignées du meuble télé blanc. Pour donner un aspect encore plus « habillé » à votre fenêtre, vous avez deux solutions : rajouter un rideau de fils blanc entre les deux rideaux de lin, ce qui empêche le vis-à-vis sans couper la lumière ou poser un rideau blanc dans une autre matière plus douce que le lin (coton fin, organza ou même soie). Cela donnera à votre fenêtre un effet de matière chaleureux !

L'éclairage

De part et d'autre de la console, on a placé deux lampes identiques aux tons neutres dont la lumière se reflétera dans le miroir et donnera une agréable atmosphère à la pièce. Privilégiez les ampoules à économie d'énergie !!! Un simple spot a été disposé derrière le fauteuil pour apporter une touche lumineuse à cet angle, alors qu'une dernière lampe au pied acier et à l'abat-jour blanc viendra rappeler le meuble sur lequel elle est posée. Pour apporter encore un peu plus de chaleur, disposez çà et là des bougies placées dans de jolis photophores.

La peinture

Qui dit calme et cocooning ne dit pas forcément murs blancs et décor aseptisé ! L'harmonie et la détente peuvent aussi passer par la couleur, encore faut-il savoir en jouer avec parcimonie et l'utiliser en touches subtiles et étudiées. Mes deux alliés : la peinture et le papier peint.

Pour donner un vrai coup de fouet à la pièce, osez la couleur ! Ici, un rouge magenta se marie parfaitement avec le blanc des meubles et le gris du sol.

Vive l'acrylique !

La peinture glycérophtalique

La peinture glycéro contient des solvants qui peuvent causer des allergies et qui sont nocifs pour l'environnement ; c'est pourquoi on vous recommande vivement de préférer l'acrylique.

La peinture acrylique

Baptisée « peinture à l'eau » parce qu'elle ne contient pas de solvant, elle a l'avantage de se laver à l'eau (et croyez-moi, quand on peint on se tache grave !). Elle existe en version mate ou satinée, et permet d'obtenir une laque brillante et durable.

Certaines marques proposent de mélanger soi-même les pigments (Tollens) pour obtenir une couleur personnalisée. Les grandes enseignes de bricolage possèdent bien souvent des machines à mélanges. Renseignez-vous !

?

Pour vous simplifier la vie

Pour calculer la quantité de peinture dont vous avez besoin, sachez qu'un litre de peinture classique couvre environ 10 m^2 .

Si la couleur de votre mur est plus sombre que la nouvelle couleur, ne gâchez pas de la peinture inutilement en en rajoutant ! Appliquez une sous-couche au préalable, laissez sécher 4 heures et peignez avec la nouvelle teinte. Cela donnera à votre mur la véritable couleur choisie !

Les murs

Des trucs à savoir

- Si vous n'avez pas le temps ou la possibilité de laver les rouleaux et les pinceaux entre deux couches, laissez-les tremper dans votre évier ou dans un seau plein d'eau puis essuyez-les bien lors de la deuxième couche.
- Si vous peignez un mur sur lequel se trouve un radiateur, recouvrez celui-ci de la même couleur, sinon on ne verra que lui ! Pour ce faire, il existe des pinceaux spéciaux qui permettent d'aller dans les moindres recoins très facilement. Cela s'appelle une patte de lapin, c'est mignon, non ?

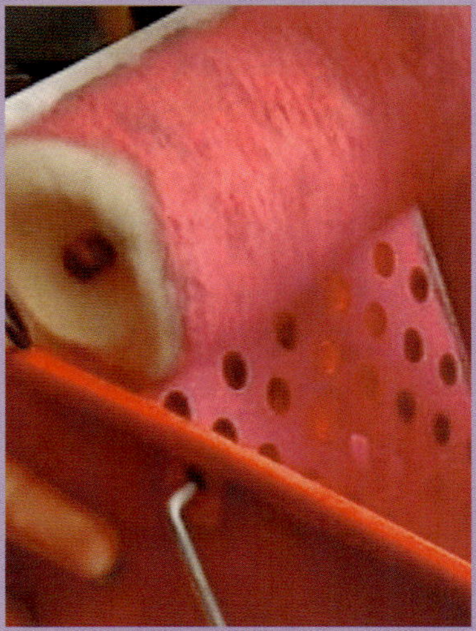

- Si vous avez besoin de lessiver une peinture acrylique satinée, ayez quand même la main légère car bien qu'elle soit « lavable », elle ne résistera pas longtemps à une éponge détrempée !

POUR UNE PEINTURE RÉUSSIE !

• Avant de commencer tous travaux de peinture, enfilez une tenue qui ne craint rien et bâchez entièrement la pièce sauf les plinthes (on peint toujours les plinthes de la même couleur que le mur, cela allonge la perspective), en maintenant le plastique avec du ruban adhésif de masquage, appelé couramment « scotch du peintre » (voir page 47). Utilisez ce même ruban pour protéger les encadrements de porte et le plafond.

• Il faut toujours commencer à dégager les angles avec un pinceau rond et vous le savez tous, c'est mon activité préférée !

Dégagez sur une courte surface puis appliquez le rouleau en croisant le geste. N'attendez pas trop longtemps car la peinture sèche et les angles seront plus foncés et formeront une démarcation très moche !

• On ne trempe pas ses pinceaux à même le pot ! Il existe des petits bacs destinés à recevoir de la peinture et sur lesquels on peut essuyer le pinceau. Ils sont également parfaits pour la peinture au rouleau.

• On ne peut appliquer une deuxième couche que lorsque la première est parfaitement sèche, soit environ 2 à 3 bonnes heures plus tard.

• Très important : il faut retirer les scotchs délicatement au bout d'environ une heure, de façon perpendiculaire au mur ! Si on attend trop, la peinture est trop sèche et s'écaille ! Certaines teintes demandent à être appliquées en 3 couches (les rouges, surtout).

Mat ou satiné ?

Tout est une question de choix, mais d'une manière générale – surtout dans les pièces à vivre et dans les chambres –, on privilégie la peinture mate pour les plafonds et la peinture satinée pour les murs. Il s'agit en fait d'une simple question d'entretien. En effet, la peinture satinée est plus imperméable que la peinture mate qui va « boire » les taches. Les différentes salissures seront donc plus visibles sur du mat et, surtout, bien plus dures à nettoyer. Quant au rendu final, il faut savoir que la peinture satinée, surtout dans les teintes sombres, masque davantage les petits défauts des murs. Si vous avez des enfants qui promènent leurs petits doigts sur les murs, mieux vaut donc opter pour de la peinture satinée que vous pourrez laver plus facilement. Si vous voulez donner un aspect « brut » à une pièce, osez la peinture mate. Pensez aussi à ce que l'on appelle les « peintures à effets » (à l'éponge, à la taloche, etc.).

Le papier peint

Un lé de papier peint d'un motif et d'une couleur assortis à la peinture, c'est top déco !

Les bases

Pourquoi et comment utiliser du papier peint ?

Rangé dans la catégorie « ringard » depuis de nombreuses années, le papier peint fait un retour en force dans la déco. Attention, on ne vous suggère pas de retapisser tout le salon avec de gros losanges orange et marron style années 1970, mais de disposer des lés très graphiques à quelques endroits stratégiques. Pour vous faciliter la tâche et vous dispenser de la corvée des catalogues d'échantillons aussi lourds que difficiles à manier, les grandes enseignes d'ameublement mettent désormais à votre disposition des rouleaux à l'unité parmi lesquels vous trouverez certainement votre bonheur.

Les papiers trompe-l'œil

Empilage de livres ou de magazines, cadres noirs sur fond blanc, vêtements négligemment accrochés, ou comment créer l'illusion sur un mur un peu triste… Les papiers trompe-l'œil, c'est la bonne astuce pour créer un effet déco en deux coups de marouflette !

Attention, en fonction de leur sujet, ils doivent être posés avec parcimonie : gare à l'accumulation qui n'aurait comme résultat que de donner un sentiment de fouillis ! En effet, généralement, un seul lé ou deux par pièce suffisent. En revanche, bien placés, c'est-à-dire dans un coin un peu vide ou une montée d'escalier, ils feront beaucoup d'effet. Le plus drôle sera de surveiller la réaction de vos amis en les voyant…

Les murs

Des trucs à savoir

- Le papier n'adhère que sur un mur parfaitement sec. Si le plâtre ou le béton sont encore un peu humides, rien à faire : il faut attendre leur séchage complet avant de se lancer dans la pose.
- Contrairement à ce que l'on pourrait penser, le papier peint – surtout s'il n'est pas très épais – peut laisser apparaître un petit creux au niveau des trous ; mieux vaut donc les reboucher avant la pose.
- Si vos murs sont déjà recouverts de papier peint, il faut le décoller ! Si vous collez sur un ancien papier trop fin, la colle du nouveau papier va faire cloquer l'ancien et va le décolle. Vous n'arriverez donc qu'à un résultat moche et décevant ! Il faut donc louer une décolleuse, ou utiliser l'huile de coude, deux grosses éponges, humidifier les murs et décoller. Laissez sécher et poncez légèrement pour une meilleure adhérence de la colle. Si vos murs sont recouverts de « toile à peindre » (un papier très épais, souvent blanc ou crème, destiné à être peint), vous n'avez pas besoin d'arracher l'ancien papier avant de coller le nouveau. Voir aussi page 136 pour d'autres conseils.

QUEL PAPIER PEINT CHOISIR ?

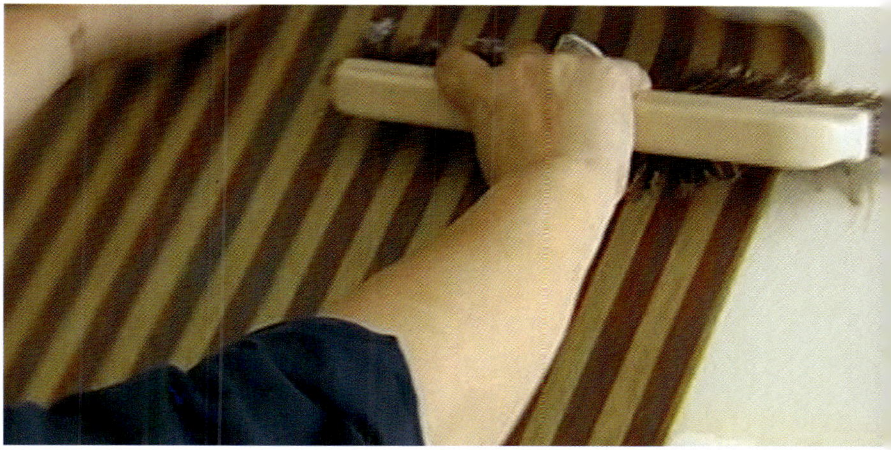

Puisqu'ils ne vont servir qu'à apporter une petite touche de déco, optez pour des motifs très présents, dans des tons assortis à ceux de vos meubles, ou jouez les contrastes en privilégiant des couleurs vives que vous soutiendrez par des objets comme des vases, des bibelots ou des photophores choisis dans les mêmes coloris. Si on veut poser du papier sur tout un mur, l'idéal, pour éviter les raccords souvent difficiles, est de prendre un papier uni. Pour les moins débrouillards, c'est plus fastoche ! De toute façon, c'est plus joli de peindre un mur et de centrer un lé d'un motif et d'une couleur assortis à la peinture, effet top déco et pas de prise de tête ! C'est cool la déco !

Une question de prix

La gamme de prix est très étendue. Le prix moyen d'un rouleau de papier de très bonne qualité se situe entre 15 et 40 €. Il peut néanmoins dépasser 350 € s'il s'agit d'un modèle exceptionnel, réalisé sur commande et dans un papier spécifique.

D'autres paramètres comme le décollage de l'ancien papier, le rebouchage des trous, la pose de la couche d'enduit et le collage du nouveau papier doivent être pris en compte. Le coût de ces opérations est estimé entre 25 à 30 € le m².

À noter : la longueur moyenne d'un rouleau est de 10 m, pour une largeur de 53 cm. Ça aide pour faire ses calculs…

Un élément indispensable : la colle

Les papiers peints décoratifs sont généralement réalisés dans des papiers, voire des toiles, relativement épais. Pour poser les lés, il faut appliquer la colle sur le lé en l'ayant replié, et laisser reposer 3 à 4 minutes pour le détremper et obtenir ensuite une meilleure adhérence sur le mur. Une fois la colle bien imbibée, prenez un repère sur le mur avec un niveau, tracez un trait droit, prenez le lé, appliquez-le sur le trait en ne vous occupant que du bord, puis dépliez-le doucement en marouflant avec une brosse spéciale (vendue entre 10 et 20 €), baptisée par mes soins « marouflette » ! Vous chassez ainsi l'air vers l'extérieur et éviterez les cloques disgracieuses sous le lé ! Si jamais il en reste malgré votre grande maîtrise de la maroufle, percez-les délicatement avec une aiguille et leur compte est bon !

Pour pallier le problème de la colle transparente – car on ne sait jamais vraiment où on l'a appliquée –, un fabricant a mis sur le marché une jolie colle teintée en rose. Aussi invisible que la blanche une fois sèche, elle vous aidera à ne pas repasser inutilement plusieurs fois au même endroit !

Le salon

Que votre salon ne vous plaise plus du tout tel qu'il est ou que vous ayez juste envie de changer un peu son ambiance, l'essentiel est de savoir quel style vous voulez lui donner et de choisir les meubles en conséquence. Vous pourrez donc vous débarrasser de tous vos meubles ou conserver par exemple votre canapé qui, selon les coussins que vous lui ajouterez, prendra un look classique ou, au contraire, très moderne.

Si vous préférez opter pour le classicisme d'un canapé sobre et uni, vous pourrez toujours l'égayer avec des coussins fantaisie et multicolores. Chic et pas cher !

L'harmonie

Si vous possédez un objet que vous aimez particulièrement, mettez-le en valeur et choisissez les nouvelles harmonies de couleurs en fonction des siennes. Toutes les options sont possibles dès lors que l'on a trouvé un fil conducteur !

Que faire de la télé ?

Tout le monde n'a pas la chance de posséder un magnifique écran plat ! Il existe cependant quelques astuces pour ceux qui ont encore un bon vieux poste mais qui aimeraient qu'il se fasse plus discret.

Afin de pouvoir déjà camoufler tous les fils et vous permettre de ranger les DVD et autres télécommandes, pensez aux meubles dévolus à cet usage. À choisir en fonction de votre déco : blanc pour une ambiance épurée, noir ou alu brossé pour un esprit design, ou en bois dans une atmosphère plus traditionnelle. Vous pourrez ainsi conserver un espace zen et bien ordonné qui se fondra dans votre décor.

Pour masquer un peu la télé, placez à côté un gros vase garni de fleurs, une jolie sculpture ou une pile de beaux livres et évitez vraiment de surcharger le meuble.

L'art du camouflage

Si vous n'avez pas les moyens – ou l'envie – d'acheter un nouveau canapé, choisissez des plaids dans des tons, identiques ou différents, qui s'harmonisent avec votre nouvel intérieur et installez-les de manière à camoufler l'ancien tissu. Procurez-vous également des coussins dans les mêmes gammes de coloris, et disposez-les sur le nouveau canapé. Pour harmoniser le reste de la pièce, habillez également les fauteuils de la même manière. Pour les coussins et les plaids, n'hésitez pas à mélanger les matières : laine, coton, fausse fourrure ; mélangez également les tailles, cela donnera un côté encore plus « nid douillet » à votre canapé ! C'est le but, non ?

Les meubles

Des trucs à savoir

- Une règle de base : privilégier l'harmonie des couleurs, mais jouez le mélange des matières ! N'hésitez pas à associer un tapis en cuir avec un canapé en lin ou un tapis en sisal et un canapé en cuir !
- Pour donner du rythme à une pièce, placez-y des objets asymétriques, créez des pêle-mêle, accumulez des objets de tailles différentes (miroirs, vases, cadres), c'est l'accumulation savamment dosée qui crée le style.

Les tables gigognes

Vous n'avez pas beaucoup de place dans votre salon et vous avez dû opter pour une table basse assez petite, mais malgré tout, vous aimez bien recevoir des invités ! Si vous ne voulez pas que ces derniers soient tentés de poser leur verre n'importe où, il existe une solution simple : les tables gigognes ! Empilées le reste du temps au bout du canapé, vous pouvez, le temps de la fête, les disposer à votre guise et multiplier ainsi les supports ponctuels.

ESPRIT RÉCUP'

Pour relooker une table basse, achetez une plaque de verre à la dimension exacte de son plateau. Faites une sélection de coupures de journaux, de papiers colorés et/ou de photos, puis collez-les suivant votre imagination sur la table avec du vernis colle (magasins de loisirs créatifs). Truc : avant de les coller de manière définitive, faites plusieurs essais pour être sûr de leur emplacement. Si vous utilisez des coupures de presse, assurez-vous que le papier est assez épais pour que le verso ne ressorte pas par transparence.

- Pour réaliser une table basse à moindres frais, dénichez une palette, poncez-la, et peignez-la grossièrement de la couleur de votre choix. Ensuite, recouvrez-la de cire incolore pour lui donner une jolie patine. Enfin, vissez aux quatre pieds des roulettes de chantier munies d'un blocage pour éviter que la table ne bouge. Son côté un peu brut fera beaucoup d'effet dans une ambiance brocante. Pour un style plus moderne, poncez la palette soigneusement, enduisez les trous et les nœuds du bois, poncez de nouveau, appliquez une couche d'enduit sur toute la surface de la palette et donnez un dernier coup de ponçage. Peignez ensuite la palette (en blanc ou noir) et posez-la au ras du sol, telle quelle, ou ajoutez-lui des petites roulettes, comme dans sa version plus destroy.

Si près de chez vous, il y a un chantier, une gare ou une construction d'immeuble, n'hésitez pas à récupérer des enrouleurs de câbles ! Si, si, si !!! Les petits font de très jolies tables de chevet, et les grands de formidables tables basses ! Bombez-les en argent, en noir, ou peignez-les. Vous pouvez même y poser une vitre pour que cela soit plus lisse, l'effet est top ! Demandez aux chefs de chantier s'ils jettent les enrouleurs, ils seront ravis de s'en débarrasser !

L'art du canapé

Qui dit salon, dit canapé ! Élément déterminant de la pièce, c'est lui qui va servir de base à toute la déco. Choisissez-le avec soin. Il en existe tellement de modèles, à tous les prix, que vous pouvez vraiment trouver celui que vous cherchez sans vous donner trop de peine. Si vos moyens sont modestes, privilégiez les grandes enseignes, elles regorgent de styles très différents. Si vous pouvez vous le permettre, allez dans des magasins spécialisés et optez pour des modèles plus personnalisés. Dans tous les cas, mieux vaut tout de même jouer la simplicité dans les formes et les matières, car on se lasse plus rapidement d'un canapé un peu trop « mode » dont l'aspect et le revêtement peuvent être amusants, mais lassants à la longue.

Si le cuir reste une valeur sûre, il est préférable de le choisir dans des tons neutres (chocolat, marron, noir) afin de pouvoir éventuellement changer le reste de la déco plus facilement (ce qui est beaucoup moins évident dès lors que l'on a du rouge ou du vert, par exemple). Si vraiment la couleur vous attire, il existe de très nombreux modèles en toile ou en velours parmi lesquels vous trouverez forcément votre bonheur.

Et pour réparer les petits « accidents », préférez les modèles déhoussables. Ils sont un peu plus chers que les autres, mais d'un entretien tellement plus facile que la différence de prix est justifiée !

La salle à manger

Dans cette salle à manger plutôt monochrome, les chaises multicolores prennent toute leur importance et apportent une indéniable touche de gaieté à la pièce.

Place à la convivialité

Un espace accueillant

La salle à manger, c'est vraiment l'endroit où vous aimez vous retrouver en famille ou avec vos amis.

Vous avez envie de changement ? On peut vous aider !

Le casse-tête des chaises

Choisir une table de salle à manger n'est déjà pas évident, alors quand il est question de se décider pour une série de chaises, rien ne va plus ! Avant de craquer pour ce ravissant modèle en tissu beige – qui va forcément avec tout ! –, réfléchissez quand même à son futur usage. En effet, si vous ne faites que très peu de repas autour de la table familiale, un modèle en tissu ne pose pas de problème ; il est néanmoins impératif de choisir des housses amovibles et lavables, car on n'est jamais à l'abri d'un petit accident.

Le cuir, quant à lui, n'est pas forcément aussi fragile qu'on pourrait le croire, mais une tache mal placée aura vite fait de le détériorer irrémédiablement.

Si vous avez des enfants et que vous dînez souvent dans la salle à manger, achetez plutôt des chaises en bois ou en plastique. Faciles à entretenir, elles peuvent aussi être agrémentées de jolis coussins (lavables, faciles d'entretien) pour plus de confort.

Il existe aussi des modèles hypercolorés en vinyle et un site Internet (aitali.com) qui vous permet de créer vos propres chaises en plexiglas à motifs personnalisés !

N'hésitez pas à prendre des chaises du même modèle mais de couleurs différentes, ou carrément de modèle différent en restant dans le même style.

Les meubles

Des trucs à savoir

- Si vous supprimez votre table de salle à manger pour la remplacer par une console que vous déplierez lors de vos repas de famille, vous risquez de vous demander où vous allez stocker les chaises que vous devrez placer autour… Si vous n'avez pas de débarras ou de cave, remplacez vos vieilles chaises de cuisine par des modèles que vous transporterez ponctuellement dans la salle à manger. Si elles sont assez neutres dans leur forme et leur coloris, mettez-en une dans la chambre des enfants et une autre dans la vôtre ; vous aurez alors au moins six chaises identiques pour vos réunions familiales !
- Pour réchauffer un mur un peu nu, agrémentez-le d'un manteau de cheminée en bois (chiné ou vendu tout fait) surmonté d'un miroir aux dimensions généreuses. Ajoutez une lampe et un joli bouquet : ambiance chaleureuse assurée ! On trouve aussi désormais sur le marché des petites cheminées composées d'un manteau et de l'âtre, mais qui fonctionnent à l'Étabiol, une énergie renouvelable à base d'alcool biologique. Elles produisent de vraies flammes en n'utilisant ni gaz ni électricité. Il suffit de les placer à l'endroit de son choix (comme n'importe quel meuble) pour avoir en un clin d'œil un vrai feu de cheminée. Il existe aussi des modèles de qualité en trompe-l'œil, peu onéreux et magnifiques.

ESPRIT RÉCUP'

Faites le tour de la maison ou des vide-greniers à la recherche de vieilles chaises en bois et repeignez-les toutes de la même couleur que celle d'un des murs. Cette accumulation d'objets différents mais monochromes autour de la table fera son petit effet. Pour un style plus festif, choisissez des tons vifs, tous différents, puis lâchez-vous ! Et pour un dîner des plus spectaculaires, décorez la table avec des sets et des assiettes de toutes les couleurs, agrémentés de bougies placées dans des photophores colorés. Effet garanti ! Moi, j'adore acheter de vieux couverts en argent dans les brocantes, pas forcément assortis, mais forcement « vintage » ! Je trouve que le mélange donne un aspect « table de famille », ambiance : « J'ai récupéré la ménagère de tata Jeanine ! »

COMMENT CHOISIR SA TABLE ?

Commencez par vous poser des questions pratiques : recevez-vous beaucoup, de nombreuses personnes à la fois, pas très souvent ?
Si vous aimez les grandes tablées, mais que votre pièce est de dimension modeste, choisissez un modèle en bois à rallonges. Disposez autour au moins six chaises et prévoyez des sièges d'appoint.
Si votre pièce est assez vaste pour l'accueillir, une très grande table fera beaucoup d'effet. Des chaises apporteront un certain confort, mais des bancs agrandiront l'espace et donneront un petit côté réfectoire non dénué de charme.
Si vous ne recevez pas énormément, prenez une table aux dimensions fixes, en bois pour la chaleur du matériau, ou en verre pour son aspect aérien. À vous de choisir selon votre déco.
Si vous faites peu de dîners ou si vous n'avez que peu de place, optez pour la console dépliable ; une fois ouverte, ses dimensions sont très satisfaisantes et, le reste du temps, elle pourra habiller un mur et recevoir de jolis vases pleins de fleurs. Si vous recevez beaucoup et que votre espace est réduit, privilégiez une grande table basse avec des tas de poufs colorés ; on mange très bien à l'orientale !

Vaisselle et linge de table

Une jolie table, des chaises confortables, c'est parfait, mais cela ne suffit pas ! Pour que votre nouvelle déco soit vraiment réussie, ne négligez pas la vaisselle ni le linge de table. Si vous avez de la vaisselle classique blanche, jouez sur la couleur avec votre nappe. À l'inverse, si votre vaisselle est colorée, bariolée ou à motifs, calmez le jeu avec une nappe blanche ou dans un des tons de vos assiettes, mais plus clair. Trop de couleur tue la couleur !

Les parquets

Le parquet est un revêtement idéal dans un endroit de fort passage, comme le sont les pièces à vivre, car il est très résistant et ne demande que peu d'entretien — encore faut-il qu'il soit vitrifié… Pour vous aider à mieux vous y retrouver parmi toutes les gammes proposées, voici quelques notions de base indispensables à votre culture déco.

Hyperchaleureux et surtout vraiment facile à entretenir, le parquet est le revêtement idéal des pièces à vivre !

Bien choisir

À court ou à long terme ?

Si vous êtes propriétaire, mieux vaut investir dans un parquet massif. D'un contact plus chaud grâce à l'épaisseur et à la qualité du bois, il sera également beaucoup plus résistant qu'un parquet contrecollé. Et si vous privilégiez une pose clouée ou collée, vos petits-enfants ont de grandes chances de trotter encore dessus sans problème !

Si vous êtes locataire, optez plutôt pour un contrecollé (moins onéreux) et une pose flottante (rapide et facile à réaliser soi-même).

Les techniques de pose

Il existe trois types de pose :

• ***La pose clouée.*** Les lames de parquet sont clouées directement sur le sol ou sur les poutres (appelées lambourdes) qui constituent la base du plancher. Ce type de pose permet au parquet de se maintenir parfaitement en place, mais il doit être effectué par des professionnels et se révèle d'un coût relativement élevé.

• ***La pose collée.*** Elle convient aux parquets massifs ou contrecollés et permet de les coller directement sur le sol, quel qu'en soit le support (ancien parquet, carrelage, etc.), mais il est impératif qu'il soit bien plat. Là aussi, mieux vaut faire appel à un professionnel.

• ***La pose flottante.*** Rapide et facile puisqu'elle peut être réalisée sur tous les types de sol, cette technique ne peut cependant être utilisée qu'avec les parquets contrecollés. Le parquet flottant se présente sous forme de lames possédant à droite une rainure et à gauche une languette. Cette particularité permet aux lames de s'emboîter les unes dans les autres pour un maintien parfait. La pose se fait simultanément avec une mousse d'isolation phonique et thermique qui comble les défauts du sol précédent et isole du bruit ! C'est la solution la plus économique surtout si on est locataire !

Les sols

Des trucs à savoir

- Si votre pièce est petite, préférez un parquet aux teintes claires (bois naturel ou lasuré) afin d'éclairer l'espace. Si en revanche vous avez une très grande hauteur sous plafond et des murs clairs, jouez à fond la carte du sombre. Effet garanti !
- Si vous devez poncer un parquet, louez une ponceuse électrique. Fermez les portes de communication, ouvrez les fenêtres et, surtout, protégez-vous les yeux. Pour moins de 30 €, vous pouvez louer une ponceuse qui ne fait pas de poussière et est sans danger ! Bien sûr, vous pouvez passer par les services d'un pro, mais c'est plus cher !
- Une fois poncé, le parquet peut être teinté, mais avant de vous lancer, faites un essai sur une partie peu visible : si la couleur ne vous convient pas, vous pourrez reponcer à cet endroit. Cette opération creuse le bois ; il ne faut donc pas la renouveler trop souvent ! Vous pouvez surtout le peindre avec de la peinture lazurée ou en diluant vous-même votre peinture avec de l'eau (peinture acrylique). L'effet sera d'enfer : votre parquet aura l'aspect « bois flotté » typique des maisons en bord de mer. Vous pouvez également vous lâcher et le peindre en prune, en pistache, en ce qui vous fait envie ! Il existe aujourd'hui des peintures spéciales d'une qualité irréprochable ! Attention aux vitrificateurs « incolores » qui foncent quand même la teinte du bois.

POUR TOUS LES GOÛTS ET TOUTES LES BOURSES

La gamme des parquets est extrêmement étendue et les prix, tout aussi variés, oscillent entre 15 et plus de 150 € le m^2... Tout dépend du matériau et des finitions. On distingue ainsi plusieurs grands types de parquets.

Le parquet traditionnel. En bois massif très épais, il est particulièrement résistant, mais sa pose compliquée et son coût élevé, dû à sa fabrication artisanale et à la qualité de son bois, ont considérablement freiné ses ventes. En effet, hormis le coût important de l'achat du bois, il faut ajouter au moins 30 € au m^2 pour les frais de pose, voire plus si le sol de base a besoin d'être réagréé, c'est-à-dire mis à niveau. C'est vraiment le top, mais il faut avoir les moyens de se l'offrir.

Le parquet massif. Il est constitué de lames de bois superposées d'une épaisseur totale de 23 mm (soit un peu moins que le parquet traditionnel). Il est moins cher que ce dernier, mais il est très résistant, et convient parfaitement pour les pièces à vivre, les entrées et les couloirs.

Le parquet contrecollé (ou parquet flottant). Il est composé de trois parties : une sous-couche (en aggloméré ou en panneau de particules), une couche intermédiaire (dans le même matériau) et une couche visible, appelée couche d'usure, sur laquelle on marche (généralement en chêne ou un bois noble). C'est la version la moins chère et celle dans laquelle on trouve la plus vaste gamme de styles et de coloris différents.

La vitrification

Elle permet de protéger le parquet de la plupart des agressions et, surtout, de le rendre imperméable, donc lavable. Avant de vitrifier un parquet, il est indispensable de passer par la case ponçage. C'est contraignant, car il faut louer le matériel adéquat, qui n'est pas très facile à manier et très salissant. Vous pouvez vitrifier le parquet directement après ponçage ou le teinter dans la couleur de votre choix, puis appliquer le vitrificateur. Plusieurs couches sont nécessaires et il faut bien respecter les temps de séchage entre chacune. Si vous passez par un pro, comptez plus de 100 € le m^2.

Une multitude de styles

Qu'ils servent à vous protéger des regards extérieurs, occulter la lumière ou parce que vous avez craqué sur les motifs, les rideaux s'imposent comme la touche finale d'une déco réussie. Il en existe désormais une multitude de modèles, mais ils ne conviennent pas tous aux pièces à vivre. Reste donc à bien les choisir !

N'hésitez pas à associer des couleurs vives ! Et assortissez les coussins aux rideaux, c'est encore plus sympa !

Prêts à poser

Option simplicité

Si vous en avez le désir (et les moyens, car cela reste assez onéreux), vous pouvez faire réaliser vos rideaux sur mesure ; mais la gamme de rideaux prêts à poser est désormais tellement vaste que vous pourrez trouver votre bonheur pour un prix bien inférieur.

En fonction de la tringle que vous aurez posée, il ne vous reste plus qu'à définir un principe d'accroche. Vous pouvez ainsi opter pour des gros œillets en métal (argenté ou mordoré), des pattes ou des nouettes (que l'on noue sur la barre). Autre option, les têtes coulissées ou les plis ; contrairement aux précédents, ils masquent la barre, mais certains nécessitent l'ajout d'anneaux ou de pinces. Enfin, vous pouvez craquer pour le rideau de fils à agrafer directement sur votre fenêtre (si elle est en bois), c'est le plus tendance actuellement. Si vous avez envie de fantaisie, pensez aux rideaux de pampilles, de perles, de franges et autres tissus très fun, très colorés, parfaits pour donner de la gaieté à une pièce !

?

Quelles couleurs choisir ?

Pour la sélection des couleurs et des motifs, quelques règles s'imposent.

Bien sûr, les rideaux doivent être assortis à la déco de la pièce : si celle-ci est chargée, optez pour des tissus unis ; si, au contraire, l'ambiance est plus sobre, jouez les matières chaleureuses (velours, damassés…) ou les tissus moirés. Dans un salon très moderne, à base de blanc et de noir, par exemple, vous pouvez apporter une touche de couleur avec des motifs hypergraphiques ; pour plus de sérénité, préférez le lin brut ou un coton grossièrement tissé.

Pour vous isoler de l'extérieur, même la journée, masquez la fenêtre avec des voilages transparents. Vous pouvez également les choisir dans des tons chauds, ils apporteront alors une jolie lumière (à réserver aux ambiances méditerranéennes ou acidulées).

Les rideaux

Des trucs à savoir

- Réfléchissez bien à la fonction principale de votre rideau : est-il destiné à masquer la lumière de l'extérieur, à vous protéger des regards, à laisser passer un léger halo... ? Choisissez le tissu en conséquence.
- Quel que soit le type de rideau, la tringle doit toujours dépasser d'au moins 15 à 20 cm de part et d'autre de la fenêtre. Cela permet de ne pas masquer la vue lorsque les rideaux sont ouverts. Si vos rideaux sont très épais, faites un essai en place avant de couper la tringle.
- Pensez toujours à mesurer le diamètre de la tringle avant de choisir le type d'accroche, car même si vous parvenez à enfiler les anneaux sur la barre, ils ont besoin d'une certaine marge pour bien glisser ! D'une manière générale, privilégiez des diamètres de tringle assez petits, qui accepteront tous les modèles d'anneaux et de rideaux prêts à poser.
- Si vos rideaux sont destinés à être souvent ouverts ou fermés, évitez les nouettes et les pattes qui glissent très mal sur les tringles (voire pas du tout !).

UNE QUESTION DE HAUTEUR

Pour qu'un rideau soit élégant, sa longueur doit être parfaite.
Pour la déterminer, il faut tout d'abord poser la tringle. Une fois que celle-ci est en place, enfilez le rideau dessus et laissez-le tomber : il doit légèrement se casser au sol, c'est-à-dire reposer dessus (ou le frôler), mais surtout pas être plus court.

Les rideaux prêts à poser étant vendus sans ourlet, il faudra le faire vous-même ; pensez donc à inclure sa hauteur avant de couper le tissu. Lorsque le rideau est vraiment trop long, coupez déjà un peu de tissu (mais pas trop !), puis ajustez sa hauteur à l'aide d'épingles ; ensuite vous pourrez ôter l'excédent l'esprit plus tranquille.

L'adhésif thermocollant

Si vous n'êtes vraiment pas un pro de la couture, pas de panique ! À l'aide d'un simple fer à repasser et d'une bande thermocollante (parfois fournie avec les rideaux prêts à poser, ou disponible en mercerie), vous pourrez obtenir un ourlet parfait et très résistant. Il vous suffit de bien mesurer la longueur du rideau (voir ci-dessus), de placer la bande à la base du pli, entre les deux épaisseurs de tissu, puis d'appliquer dessus un fer bien chaud ; procédez doucement pour tout bien coller. Travaillez de préférence sur l'envers du rideau, mais prenez garde à bien emprisonner la bande thermocollante dans le tissu, car si elle entrait en contact direct avec le fer, elle fondrait et y déposerait de vilaines traces noires qui pourraient salir le rideau. Si la perspective du repassage vous angoisse, optez pour de solides embrasses (genre grosses cordes ou tissus épais) qui donneront un côté encore plus chic à votre fenêtre ; il existe des porte-embrasses hyperdéco (métal, verre soufflé ou coloré, etc.) qui sont très souvent assortis aux boules qui terminent les tringles (voir page 39 pour plus de détails) !

Lampes et lustres

Qu'elle vienne d'un plafonnier ou d'une lampe posée sur une console, la lumière joue un rôle déterminant dans les pièces à vivre.

Le cristal noir, c'est hypertendance et cela vous permet d'apporter une petite touche de chic et de baroque bienvenue dans un décor un brin épuré.

Les règles

Ne jamais oublier :

La plus joliment décorée des pièces peut devenir horriblement moche si elle est mal éclairée. Inversement, on peut sauver une pièce grâce à un bel éclairage ! Je le répète sans cesse : attention à l'éclairage ! C'est primordial pour une déco réussie ! Privilégiez plutôt de nombreuses sources de lumière tamisée qu'un seul gros bloc trop violent ! Pas plus de 40 W par lampe !

Trio gagnant !

Plutôt qu'un simple lustre pour éclairer la table, installez trois suspensions de même modèle. Cela augmentera à la fois l'effet déco, mais aussi la lumière.

Si votre table est ronde, placez-les en triangle au centre de celle-ci ; si elle est rectangulaire, fixez-les de manière rectiligne après les avoir centrées en largeur et en longueur. Préférez les abat-jour bien hauts et les grosses ampoules pour leur côté plus esthétique. Avant de fixer les suspensions, assurez-vous que les bases des abat-jour sont espacées d'une bonne dizaine de centimètres et qu'elles se trouvent à au moins 1 m au-dessus de la table.

Enfin, choisissez la couleur des abat-jour en fonction de l'ambiance que vous voulez donner à la pièce : blanc cassé, ils diffusent une lumière claire ; bordeaux, prune ou chocolat, l'ambiance sera plus feutrée.

L'éclairage

Des trucs à savoir

- Si vous avez récupéré le lustre en cristal – très tendance – de mamie Andrée, mais que ses pampilles sont un peu encrassées, il vous suffit de les démonter délicatement et de les plonger dans un bain d'eau vinaigrée ; frottez-les avec un chiffon doux, et elles retrouveront leur éclat d'antan. Vous pouvez également bomber (la peinture en bombe ne nécessite pas de sous-couche) la suspension de mamie d'une couleur de votre choix pour casser le côté « bronze ancien » et acheter des petits abat-jour à clipper (de 2 à 5 €) pour mettre sur les ampoules. Pas de lumière trop vive dans les yeux ! Privilégiez le côté tamisé !
- Pour habiller un lustre en fer forgé, achetez des bandes de plâtre (dans une pharmacie), humidifiez-les dans une bassine d'eau et recouvrez-en les branches du lustre. Prenez soin de bien recouvrir toutes les branches. C'est une opération un peu longue et délicate (et plutôt salissante !), mais le résultat est bluffant ! Vous pourrez alors laisser les bandes blanches ou les patiner de la couleur de votre choix avec de la cire colorée (magasins de bricolage) ou les bomber en ayant soin d'attendre que le plâtre soit sec !
- Les lumières du salon restant souvent allumées longtemps, privilégiez les ampoules économies d'énergie. Elles éclairent aussi bien que les ampoules classiques et vous feront faire des économies et un geste pour l'environnement.

LUSTRE OU LUMIÈRE INDIRECTE ?

Au-dessus d'une table, on privilégie généralement le lustre ou les suspensions (voir page ci-contre).
En effet, ils diffusent une clarté généreuse et homogène. Disponibles dans tous les styles, ils peuvent à eux seuls servir de base au reste de la décoration. Éclatez-vous et épatez vos amis à peu de frais !
Pour le côté salon, exit les halogènes et leur lumière peu flatteuse ; mieux vaut en effet privilégier les ambiances feutrées apportées par des lampes (posées par exemple de chaque côté du canapé sur de petites tables basses) ou des lampadaires.

Pour déterminer leur position dans la pièce, il faut juste faire attention à ne pas voir les ampoules ou être ébloui lorsque l'on est assis. Afin de ne pas trop se fatiguer les yeux, il est également conseillé de prévoir un point de lumière à côté de la télévision ou derrière celle-ci.
La quantité de lampes à installer dépendra en fait de la taille de votre pièce. N'hésitez pas à faire des essais avec des lampes que vous avez déjà pour déterminer le nombre de points de lumière que vous souhaitez avoir et leur emplacement, puis optez pour tel ou tel modèle en fonction de votre nouvelle déco !

Les lustres à pampilles

Vous les pensiez définitivement relégués au rang des antiquités, eh bien, non ! Les lustres à pampilles (ci-dessus) font leur grand retour dans la déco. Autrefois, ils étaient généralement réalisés en cristal, ce qui rendait leur acquisition très onéreuse ; ils existent aujourd'hui dans des versions en verre beaucoup plus abordables. Pour environ 150 €, on peut trouver des modèles très amusants, plus ou moins chargés en pampilles. Et si la transparence vous ennuie, vous pouvez opter pour des lustres noirs ou rouges, hypertendance, et pour les amateurs comme moi de vide-greniers et brocantes, il y en a plein à des prix variant de 30 à 100 €, il suffit de farfouiller avec soin !

Zen ou coloniale, pop ou rustique, votre chambre doit bien-sûr refléter votre personnalité, mais elle doit être avant tout un endroit chaleureux où vous rêvez de vous prélasser après une journée difficile ; axez donc tout sur le confort et la lumière « soft ».

La chambre

VILLES
Nantes
Caen
Quimper
CARTE N°10
PAUL KAEPPELIN
BRETAGNE
VENDÉE

Vous sentez bien que quelque chose cloche… Quelques solutions simples et tout ira mieux !

- **Les murs.** Vous venez d'emménager ; vos murs sont d'un blanc, certes immaculé, mais qui manque quand même un peu de personnalité.
- **Les meubles.** Un simple sommier et un matelas constituent la base de votre literie. Plutôt que de mettre une armoire dans la chambre, vous avez eu la très bonne idée de faire réaliser un grand bloc étagères-penderie qui habille tout le mur de gauche, mais il va falloir trouver une solution pour cacher son contenu. Dans le but de résoudre le cruel dilemme du choix des programmes, vous avez installé la télé sur une console en bois brut verni, elle-même placée sous la fenêtre. Le linge de lit un peu bariolé est parfait pour l'instant, mais il ne conviendra plus à votre nouvelle ambiance.
- **Les sols.** Le joli parquet clair qui recouvre le sol donne de la luminosité à la pièce, mais il est un peu froid.
- **Les rideaux.** Comme vous n'avez aucun vis-à-vis, vous avez zappé l'option rideau et vous vous contentez de fermer les volets roulants…
- **L'éclairage.** Puisque vous n'avez pas réussi à choisir des chevets, vos deux lampes reposent sur une pile de livres…

Les murs

La pièce n'étant pas très grande, mieux vaut laisser les murs blancs. Mais pour agrandir la perspective, on va coller des stickers représentant de longues tiges de bambou sur le mur de droite en rentrant. Ces nouvelles grandes bandes verticales feront paraître la pièce plus grande et serviront de base à l'ambiance coloniale que l'on a décidé de créer. Si le côté exotique n'est pas votre truc, vous pouvez poser d'autres stickers ; il en existe des centaines de modèles qui vont des fleurs aux trompe-l'œil. Il suffit de choisir votre style.

Les meubles. Pour jouer à fond le côté exotique, on a choisi un lit à baldaquin en bois sombre sur lequel viendra reposer une moustiquaire. Pour poser votre télé, une commode a été choisie pour son côté élégant et plus chaleureux qu'un meuble télé. De plus vous pourrez y ranger vos vêtements.

Budget D&CO

- lit à baldaquin de 250 à 500 € (+ matelas si nécessaire)
- moustiquaire 10 €
- meubles avec portes et tiroirs 200 €
- fauteuil club de 180 à 500 €
- tapis de 80 à 100 €
- rideaux 30 € la paire
- stores 50 € pièce
- lampes 15 € pièce
- stickers bambou 50 € le décor
- tringle à partir de 20 €
- chevets de 50 à 99 €

Tous les prix sont donnés à titre indicatif.

Après

Deux chevets sont placés de part et d'autre du lit. À la place de la commode se tient désormais un fauteuil club en cuir. Tous les meubles sont dans des teintes marron-chocolat, plutôt foncé. Quant au linge de lit, il sera uni (blanc ou crème) avec une touche de marron pour les coussins.

Les sols. Afin de réchauffer un peu le parquet et créer une perspective dès l'entrée, on a placé un tapis aux poils bien épais (ambiance douillette oblige). Pour qu'il ne soit pas trop présent – la déco des murs est quand même déjà assez marquée –, mieux vaut le prendre dans des tons assortis à ceux du sol.

Les rideaux. Les rideaux ne servent pas seulement à masquer la vue, mais font partie intégrante de la déco. C'est pourquoi on a opté ici pour des stores en bois. Cette matière rappelle le petit côté exotique du mur et la présence de rideaux aux deux petites fenêtres aurait alourdi l'atmosphère. Et plutôt que d'ajouter des portes au placard, on a tendu de part et d'autre du mur une tringle en acier mordoré sur laquelle on a placé des rideaux blancs à gros œillets dans le même métal.

L'éclairage. Des petites lampes en papier japonais parachèvent le décor.

Stickers et papier peint

Décorer les murs semble toujours difficile : vous avez peur de faire les mauvais choix, d'en mettre trop ou pas assez, mais ne vous inquiétez pas ! Aujourd'hui, il existe tellement de matières et de supports qui se retirent en un rien de temps que vous pouvez décorer vos murs à votre guise, rapidement et à moindre frais.

Couleurs

Déco des murs ou accessoires, il faut choisir !

Afin de ne pas dormir dans une ambiance de fête foraine – même si cela peut avoir un certain charme quelque temps –, il vous faut choisir.

Soit vous optez pour un papier peint aux motifs très présents et un linge de lit très sobre (uni ou très légèrement fantaisie) dans les mêmes tons, soit vous privilégiez les housses de couette très colorées et les coussins aux tons vifs, mais en gardant les murs clairs et unis.

Autre option, pour une ambiance parfaitement zen : déclinez sur les murs et sur le lit des tons clairs (blanc, beige), éventuellement rehaussés d'une pointe de vert kaki ou olive ou d'un peu de marron.

Les stickers

Autrefois réservés à nos frigos en mal de déco, les stickers déferlent désormais sur nos murs comme une traînée de poudre.

En noir et blanc ou en couleurs, on trouve ainsi une vaste gamme de décors pouvant s'adapter à merveille à tous les intérieurs.

Vous rêvez d'une ambiance new-yorkaise, pas de problème, vous n'aurez aucun mal à trouver le building de vos rêves ; vos aspirations sont plus bucoliques, à vous de choisir... Avantage non négligeable : si on a envie de changer, il suffit de tout décoller et le tour est joué !

Pour un effet différent mais tout aussi décoratif, collez une branche surmontée d'un oiseau sur la vitre de la fenêtre de votre chambre et masquez la fenêtre par un voilage. En plus de vous apporter un petit air de campagne, le sticker créera une très jolie ombre dans la pièce.

Pour un décor éphémère ou si vous êtes vraiment un inconditionnel de la couleur, osez les mélanges hyperflashy.

Les murs

Des trucs à savoir

- Pour bien faire adhérer les stickers, frottez-les avec la tranche d'une carte de crédit.

- Ne chargez pas trop les murs de photos et autres posters, car ils auraient pour effet de faire paraître la pièce plus petite.
- Utilisez des stickers pour former une tête de lit originale à moindres frais (il en existe de tous les styles qui forment une tête de lit élégante ou rigolote à partir de 90 €).

OPTION IRISÉE

Si votre chambre est petite, vous pouvez tricher un peu sur ses volumes en recouvrant les murs d'un papier peint aux reflets irisés, voire légèrement métallisés. Sa couleur de base doit cependant être relativement claire afin de profiter au mieux de cet avantage. Si vous avez une armoire, n'hésitez pas non plus à en recouvrir les portes afin d'obtenir un bel effet de continuité dans la pièce. Pour réussir cette opération, mieux vaut retirer les portes et ne les remettre en place qu'une fois le papier parfaitement posé et bien sec. Pendant ce temps, vous pouvez peindre les pans de l'armoire dans une couleur assortie à celle de la base du papier peint.

Dernière touche déco : changez les poignées afin qu'elles s'harmonisent au mieux à votre nouveau décor.

Les lits

Le lit, c'est pas seulement fait pour dormir ! D'accord, il ne faut pas négliger le sommeil puisqu'on passe beaucoup de temps dans son lit, mais c'est aussi l'endroit où l'on se retrouve avec son amoureux, c'est le lieu de l'intimité. Un lieu à soi, pour se reposer et plus si affinités !

Des murs blancs et des draps en lin, c'est sympa, mais si vous êtes plutôt fan des ambiances colorées, lâchez-vous. Tout est permis !

Le choix

Les bonnes questions

Avant de partir à l'aveuglette à la recherche du matelas et du sommier qu'il vous faut, posez-vous quelques questions pratiques : quel type de couchage aimez-vous (moelleux, ferme, dur) ? Préférez-vous les matières naturelles ou synthétiques ? De quelle place disposez-vous dans la pièce ? Quelle sorte de sommier souhaitez-vous (à ressorts, à lattes) ?

Conseils de pros

- Si votre conjoint et vous avez des différences de poids importantes, optez pour des matelas individuels. Si la configuration de votre lit rend ce choix impossible, préférez les sommiers à ressorts qui absorbent mieux les différences de taille et de poids.
- Si vous avez le dos sensible, prenez un matelas assez ferme et un sommier à lattes qui le maintiendront mieux.
- Si vous avez des problèmes de circulation sanguine, choisissez un sommier dont l'extrémité se relève.
- Si vous avez un sommier à ressorts, le matelas n'a pas besoin d'être très épais, car les ressorts amortissent bien les mouvements. Si le sommier est à lattes, choisissez un matelas plus épais pour que le couchage soit moins ferme.
- Si vous êtes sujet aux allergies, achetez un matelas en latex (matière saine et dans laquelle ne se développent pas de bactéries) ou un matelas à ressorts entre lesquels l'air circule plus librement que dans une mousse classique.

Rendez-vous dans un magasin spécialisé et demandez conseil aux vendeurs. Essayez le lit que l'on vous propose : allongez-vous dessus, retournez-vous… et prenez uniquement celui sur lequel vous êtes parfaitement bien ; c'est la seule manière de faire le bon choix ! La seule chose qu'on ait toujours pas inventée, c'est le lit antironflement ! C'est dommage car ça concerne tout le monde, hommes et femmes !

Les meubles

Des trucs à savoir

- Dans l'idéal, il faut changer de matelas et de sommier au moins tous les dix ans.
- Il est conseillé de retourner son matelas tous les trois mois pour lui permettre de « respirer ».
- Un espace au moins égal à 50 cm autour du lit est nécessaire pour bien circuler.
- Si vous souffrez de douleurs cervicales, n'incriminez pas votre lit, mais changez votre vieil oreiller pour un modèle ergonomique.
- Si vous n'avez pas une grande hauteur sous plafond, retirez les pieds du sommier ; cela agrandira visuellement l'espace.
- Un matelas à même le sol, c'est sympa, mais il s'usera beaucoup plus vite que s'il est sur un sommier. De plus, il ne sera pas correctement aéré, ce qui favorise la prolifération de bactéries et d'acariens.
- Il n'est pas nécessaire de changer en même temps matelas et sommier, mais il faut bien prendre les mêmes dimensions !

ET POURQUOI PAS UN PORTEMANTEAU ?

Votre chambre n'est pas un débarras et pour que votre nid d'amour ne devienne pas un charmant fouillis, investissez dans un portemanteau ! Il sera quand même mieux l'affaire que votre chaise ou le fauteuil de tante Jeannette !

ESPRIT RÉCUP'

Si vous avez récupéré une tête de lit en bois, mais que son côté vieillot ne vous plaît pas, poncez-la légèrement et repeignez-la aux couleurs de la pièce. Utilisez de l'acrylique satinée, moins salissante que la peinture mate (voir page 13). Si vous préférez la chaleur du tissu, recouvrez votre tête de lit de molleton (que vous agraferez sur sa face arrière), puis de tissu, le même que celui des rideaux, par exemple ; vous pouvez également choisir une étoffe très différente et, avec les chutes, réaliser deux petits coussins que vous placerez sur les oreillers. On vous l'a déjà dit : per-son-na-li-sez !

Les sommiers et matelas ergonomiques

Qui n'a jamais rêvé d'appuyer sur un bouton et de sentir son dos délicatement soulevé afin d'atteindre, en douceur, la position assise ? Ces lits top confort étaient il y a encore peu réservés à quelques happy few fortunés ; mais ils se démocratisent peu à peu. Si vous voulez vous faire un beau cadeau, sachez qu'on les trouve autour de 3 000 €.

On commence également à voir sur le marché des matelas anatomiques qui épousent parfaitement les courbes de votre corps quelles que soient ses positions. Et pour les sensations fortes, testez le waterbed (un matelas rempli d'eau) qui ondule au moindre de vos mouvements et vous donne l'impression de flotter sur le lit… Sensations garanties !

Les rangements

Même si vous n'avez pas la chance de posséder un dressing, il existe des tas de meubles de rangement qui feront beaucoup d'effet dans votre chambre. Il suffit de les choisir en fonction de votre déco, et le tour est joué !

Un must !

Discrétion et efficacité !

Tout le monde n'a pas la chance de posséder un dressing et l'on est bien souvent obligé de sacrifier quelques mètres carrés de sa chambre pour y installer une penderie et des étagères. Le tout est de les rendre les plus discrets possible.

Mise en boîte

À la fois pratiques et décoratives, les boîtes constituent un rangement d'appoint non négligeable.

Choisissez-les dans des tons assortis à ceux des murs, ou jouez la couleur, tout est permis ! Si elles sont assez rigides, vous pouvez également les utiliser comme chevet et y placer les livres et les objets que vous ne désirez plus voir traîner. Vous en trouverez d'innombrables modèles, en bois, en cuir, en tissu ou en carton (uni ou imprimé). Vous avez donc l'embarras du choix !

Les meubles

Des trucs à savoir

- Essayez de ne pas trop encombrer la chambre de bibelots, de livres ou de vêtements, car une ambiance ordonnée est déjà un bon pas vers le repos.
- Si vous recouvrez les murs de papier peint, pensez à recouvrir également les portes des placards ; cela apportera un effet d'unité qui fera paraître la pièce plus grande.
- Malgré les règles de Feng Shui qui recommandent de ne pas mettre des miroirs dans une chambre (cela vole l'énergie), j'en reste une fervente adepte (surtout si la chambre est petite) : cela agrandit l'espace, et selon le style choisi, cela termine la déco !
- Si les étagères recouvrent un mur complet, vous pouvez tendre un filin (voir ci-contre) de part et d'autre du mur. Vous pouvez également fixer une tringle directement sur l'étagère. Dans les deux cas, enfilez ensuite dessus un rideau muni d'anneaux en métal (qui glisseront facilement) et ajustez sa longueur (voir page 23). On peut également utiliser un système de rails sur lesquels on fixe des panneaux coulissants en tissu ou en papier, mais le choix de ceux-ci restent limité.

DES DRESSINGS POUR TOUTES LES BOURSES

Aujourd'hui, les dressings sur mesure ne sont plus inaccessibles !
Plusieurs marques de la grande distribution, comme Ikéa, Alinéa ou Fly, proposent ainsi des ensembles modulables qui dissimulent vos petites affaires derrière des panneaux japonais.
Ils sont vraiment parfaitement adaptés aux petites surfaces, et ne vous ruineront pas. Comptez entre 400 et 600 € pour un dressing de 2,5 à 3 m^2.
Célio propose des armoires-dressings et des dressings d'angle plus sophistiqués et un peu plus chers

Les tapis

Parfaits pour réchauffer un sol un peu froid (parquet ou carrelage) ou décorer une moquette, les tapis se déclinent sur tous les tons et tous les modes. Poils naturels ou synthétiques, superépais ou bien ras, unis ou bariolés… les combinaisons sont presque infinies. À vous de jouer !

Pour réchauffer l'ambiance de la chambre (et vos petits pieds douillets…), installez un tapis bien moelleux au pied du lit !

Matières

L'embarras du choix

Dans leur grande majorité, les tapis sont réalisés en fibres naturelles (laine, coton, sisal, et autres crins de cheval). Elles apportent chaleur et authenticité à votre intérieur, tout en étant très résistantes aux assauts du temps.

Selon les matières et les tissages (poils plus ou moins longs, denses ou espacés…), on obtient une grande diversité de formes et d'aspects. Il convient juste d'adapter vos choix aux pièces qui vont les accueillir. En descente de lit, des poils hauts et moelleux réalisés dans une belle laine seront très agréables. Dans les endroits de fort passage, on optera plutôt pour du coco ou du sisal, très solides. Si les enfants sont sujets aux allergies, mieux vaut choisir des tapis en fibres naturelles et à poils ras, ou des matières traitées antiacariens (voir page 55).

Les tapis en cuir et en peau

Disponibles en version tissée (c'est-à-dire des bandes de cuir d'environ 1 cm de large disposées les unes à côté des autres), ils existent également en version méchée (bandes hautes de plusieurs centimètres, pointées verticalement à la manière de poils). Souvent uniquement disponibles en version unie, ils se déclinent néanmoins en plusieurs couleurs.

On peut également opter pour des peaux de vache, hypertendance, qui trouveront parfaitement leur place dans une ambiance épurée à dominante de blanc, brun et noir. Et pour vos petits pieds douillets, offrez-vous une peau de chèvre aux longs poils soyeux…

À savoir : ces tapis sont plus fragiles que ceux réalisés dans d'autres matières plus « classiques » et peuvent notamment changer de couleur s'ils se trouvent près d'une zone de lumière trop vive. En outre, mieux vaut ne pas les installer dans un endroit de fort passage afin de ne pas accélérer leur usure. Et pour ne pas leur faire trop souvent subir l'épreuve de l'aspirateur, il est conseillé de les secouer par la fenêtre pour les débarrasser des poussières et autres impuretés.

Les sols

Des trucs à savoir

- Les fibres naturelles, notamment la laine, sont hygroscopiques, ce qui signifie qu'elles ont la capacité d'absorber et de conserver l'excédent d'humidité de l'air, puis de le restituer lorsque l'air redevient sec.
- Pour bien entretenir un tapis, il convient de passer l'aspirateur au moins une fois par semaine. Vous pouvez aussi lui faire un shampoing de temps en temps, mais avant d'utiliser des produits de nettoyage, lisez bien la notice afin de voir s'ils conviennent à la matière de votre tapis.
- L'ennemie jurée du tapis, c'est l'eau qui détend les trames et les fibres. Si vous en renversez, épongez-la le plus vite possible. Et lorsque vous devez nettoyer une tache, ayez la main légère et séchez le tapis autant que vous le pouvez à l'aide d'un chiffon ou de papier absorbant.
- Si vous posez le tapis sur du parquet, évitez qu'il ne bouge en plaçant en dessous un antidérapant spécialement prévu à cet usage (magasins de bricolage ou grandes enseignes de mobilier et de moquette).
- Les tapis en fibres naturelles, comme le coco ou le sisal, sont généralement gansés, c'est-à-dire bordés d'un ruban en coton large d'une dizaine de centimètres, dans le même ton ou dans une couleur tranchée. C'est à la fois superjoli, mais aussi nécessaire car ces fibres ont une fâcheuse tendance à s'effilocher très facilement.

TUFTÉ, TISSÉ : QUELLES DIFFÉRENCES ?

On trouve sur le marché deux types de tapis : les tapis tuftés et les tapis tissés.

- La technique des tapis tuftés consiste à implanter chaque brin (un par un ou plusieurs à la fois) dans la trame (c'est-à-dire la structure du tapis). Les brins sont ensuite taillés à la hauteur désirée. Cette opération peut être réalisée à la main, à l'aide d'un pistolet pneumatique, ou de manière industrielle.
- Le tissage se fait sur des métiers soutenant les fils de trame sur lesquels sont passés les brins qui formeront le tapis. Cette technique peut également être réalisée à la main ou sur des métiers ; ces derniers, de plus en plus sophistiqués, permettent la création de motifs extrêmement variés. Les poils des tapis peuvent être de tailles différentes, ce qui permet de créer des motifs. On peut par exemple avoir une surface lisse ponctuellement agrémentée de petits dômes de poils, ce qui donne un relief à la fois amusant et esthétique.

Les tapis faits à la main sont bien sûr beaucoup plus chers que ceux réalisés mécaniquement. Le prix est également déterminé par le matériau utilisé pour la fabrication : un tapis d'Orient en soie sera bien sûr beaucoup plus onéreux qu'un tapis réalisé dans une fibre synthétique.

Au pied du lit...

Privilégiez un tapis épais pour votre chambre. En descente de lit le matin sous les pieds, cela vous permet un réveil tout en douceur ! Pour le salon, si vous recevez beaucoup ou si vous avez des enfants, privilégiez un tapis ras facile à entretenir et à laver.

Pour un effet déco, achetez deux tapis ronds, plus petits mais collés l'un à l'autre. Jouez sur les combinaisons de couleurs : un noir, un blanc ou un prune, un noir, etc., en harmonisant avec vos meubles et votre décor.

Matières et accessoires

D'une manière générale, le choix des rideaux est dicté par l'ambiance de la pièce. Il ne faut néanmoins pas négliger la fonction qu'ils doivent jouer (masquer la lumière ou simplement souligner la déco). Avant de jeter votre dévolu sur un modèle, il faut donc vous demander si c'est celui qui conviendra le mieux à votre pièce. Grâce à quelques clés, vous ne risquerez pas de vous tromper !

Un ciel de lit, c'est à la fois hyperromantique et ça habille vraiment le mur au-dessus du lit. Pourquoi vous en priver ?...

Zen ou romantique

À vous de choisir

• Si vous avez meublé votre pièce dans un style moderne, osez le noir (velours ou coton) ou, pourquoi pas, les tissus métallisés.

Si votre décor est uni, n'hésitez pas à jouer sur les gros motifs et ajoutez quelques coussins du même tissu sur le lit.

Pour les attaches, privilégiez les œillets si les rideaux doivent coulisser, ou les pattes si les rideaux sont retenus par des embrasses (voir ci-contre).

• Si vous avez plutôt choisi de vivre dans un décor épuré, privilégiez les matières naturelles, comme le lin brut ou le coton, et choisissez du linge de lit en métis (mélange de lin et de coton), uni ou bicolore, que vous apprécierez surtout en été pour sa fraîcheur.

• Pour une chambre plus romantique, jouez à fond la carte des taffetas ou des soies colorées et masquez la fenêtre par un voilage léger, transparent ou légèrement teinté.

• Pour un effet théâtral, choisissez des velours aux couleurs chaudes et sombres (rouge foncé, prune...) à adapter en fonction du reste de la déco.

D'une manière générale, privilégiez les rideaux à tête froncée (que l'on enfile sur la tringle) ou les nouettes, et maintenez chaque pan placé de part et d'autre de la fenêtre par d'imposantes embrasses. Voir aussi pages 22 et 23 pour d'autres conseils.

ESPRIT RÉCUP'

Si vous possédez de vieux draps en lin bien épais qui vous viennent de votre grand-mère ou que vous avez dénichés dans un vide-greniers, lavez-les à 90 °C, puis teignez-les de la couleur de votre chambre et installez-les sur la tringle à l'aide d'anneaux munis de petites pinces (grandes enseignes de déco ou magasins de bricolage).

Vous pouvez également les border de dentelle, avant ou après la teinture.

À réserver aux décors informels ou aux maisons de campagne.

Les rideaux

Des trucs à savoir

- On appelle passementerie l'ensemble des pièces réalisées à base de fil et utilisées dans l'ameublement, comme les galons, les pompons, les glands et autres franges. Choisies avec soin, ces pièces apporteront une touche personnelle et chaleureuse à vos rideaux. N'hésitez pas non plus à accrocher aux clés des armoires ou des commodes de jolis glands assortis aux embrasses.
- Si vous avez une grande fenêtre, préférez les rideaux aux stores qui en soulignent moins bien les formes et donnent une ambiance peu chaleureuse.
- Pour obtenir un beau tombé avec des rideaux au tissu fin, lestez leur ourlet avec des cordons munis de billes d'acier spécialement prévus à cet effet (rayon mercerie ou magasins spécialisés).
- Lorsque les fenêtres sont hautes, les embrasses doivent être placées à environ un tiers de la hauteur du mur (soit approximativement à 1 m du sol). D'une manière générale, faites un essai une fois le rideau en place avant d'actionner la perceuse !

LES EMBRASSES

Le dictionnaire parle d'embrasses mais le langage populaire utilise souvent le terme embrases ! Il s'agit en fait des liens qui servent à retenir les rideaux de chaque côté de la fenêtre. Aux extrémités de chaque embrasse se trouve une boucle ou un anneau qui sert à les accrocher sur un piton généralement fixé derrière le rideau. Osez les rubans multicolores, le rafia, ou les embrasses que l'on nomme cols de cygne (ou rinceaux, ci-dessus, à gauche) qui sont constituées d'un gros anneau ouvert d'un côté, en métal lisse ou ouvragé.

Les styles et les matériaux sont tellement nombreux que les prix des embrasses varient de quelques euros à plusieurs centaines… Vous n'aurez aucun mal à trouver votre bonheur dans les grandes chaînes de distribution. Mon seul conseil : laissez parler votre imagination !

Des lumières tamisées

Lieu de repos par excellence, on imagine difficilement une chambre saturée de lumière ! Priorité donc aux éclairages indirects, apportés par des lampes dont on aura bien déterminé le rôle. Vous n'aurez plus qu'à faire votre choix parmi les différents modèles, mais n'oubliez pas d'utiliser les ampoules adéquates.

Intemporelles, les lampes en papier donnent vraiment un éclairage très sympa dans une chambre !

De la douceur !

Les lampes en papier

Généralement peu onéreuses (bien que certains modèles de créateur dépassent allégrement les 300 €, notamment ceux du célèbre designer japonais Isamu Noguchi), les lampes en papier occupent une place de choix dans la déco.

Il faut dire qu'elles présentent des avantages pour le moins séduisants. Leur matière permet notamment d'oser de nombreuses formes (rondes, évasées, en lanterne, etc.), et de les décliner dans toutes les tailles (on trouve aussi bien des lampadaires hauts de 1,50 m que des petites lampes à poser).

En outre, bien qu'opaque, le papier laisse bien passer la lumière, en la filtrant légèrement pour mieux en restituer la douceur. Et si on les utilise comme plafonnier, plus besoin d'un support ultrarésistant : un petit crochet suffit. Seul souci : leur fragilité. Un simple accroc et le charme est rompu !

Attention également à la puissance de l'ampoule : certaines lampes n'acceptent pas plus de 40 W. Cette indication doit être clairement précisée sur la douille ou sur l'emballage ; en cas de doute, posez la question au vendeur.

Les abat-jour

On peut sensiblement modifier l'aspect d'une lampe en en changeant simplement l'abat-jour ; il faut juste penser à choisir une taille qui reste proportionnée à celle du pied. En effet, si le pied de la lampe est fin, on choisira un abat-jour d'environ 20 cm de diamètre pour une lampe à poser, et de 30 à 40 cm pour un lampadaire.

Si le pied de votre lampe à poser est imposant, vous pouvez aller jusqu'à 40 cm de diamètre avec des abat-jour coniques (plus larges en bas qu'en haut). Sur les grands lampadaires sur pied, mettez plutôt des abat-jour ronds (même diamètre en haut et en bas) et assez hauts (35 à 40 cm), qui donnent une allure plus harmonieuse. En revanche, pour la couleur ou la matière, tout est permis.

L'éclairage

Des trucs à savoir

- Quand vous choisissez une lampe de chevet, assurez-vous que son ampoule ne sera pas visible lorsque vous serez assis, car vous seriez ébloui; si c'est malheureusement le cas, surélevez la lampe ou le chevet jusqu'à pallier ce problème.
- Mettez des huiles essentielles sur vos ampoules de lampe en imbibant un chiffon que vous frotterez délicatement sur l'ampoule (à froid, bien sûr!). Lorsque celle-ci chauffera, une délicieuse odeur chatouillera vos narines et vous procurera une meilleure qualité de sommeil !
- Pour plus d'intimité, misez sur les ampoules colorées; choisissez leur teinte en fonction de la couleur dominante de la pièce.
- Pour une soirée superromantique, remplacez la lumière des lampes par celle de bougies judicieusement placées. N'oubliez surtout pas de les éteindre avant de vous endormir!

LES APPLIQUES

Idéales pour offrir une lumière ponctuelle, dirigée vers un endroit précis, les appliques sont une parfaite alternative à la lampe de chevet. Elles doivent être situées de chaque côté du lit, très légèrement au-dessus du niveau de la tête lorsque l'on est assis, bien calé dans ses oreillers. Afin d'éviter que l'on se cogne dedans, mieux vaut les installer à une vingtaine de centimètres à gauche et à droite du lit.

Une question de voltage

Dans la chambre, il n'est pas nécessaire de mettre des ampoules trop fortes, car un éclairage tamisé est souvent suffisant pour lire.
Si vous avez plusieurs points lumineux, choisissez des ampoules de 40 W, sinon vous pouvez utiliser du 60 ou du 70 W. D'ailleurs, de nombreuses lampes de petit format n'acceptent que des voltages modérés. Vérifiez chaque fois les étiquettes ! En effet si l'ampoule est trop forte, elle risque de brûler l'abat-jour, voire carrément de faire sauter les plombs !

La cha

L'univers dans lequel évoluent les enfants est très important pour leur développement. Le casse-tête pour les parents est qu'il doit à la fois représenter leur personnalité, s'adapter à leur âge et répondre à des questions purement pratiques comme le couchage ou le rangement (point ô combien important !).
Autre challenge de taille : l'espace disponible. En effet, peu nombreux sont les petits privilégiés qui bénéficient d'un grand espace. Pour la plupart des enfants, celui-ci est souvent réduit…
Quelques conseils et astuces vous permettront de relever le défi et de vaincre facilement ces divers obstacles !

mbre d'enfant

Vous sentez bien que quelque chose cloche… Quelques solutions simples et tout ira mieux !

- **Les murs.** Dans cette chambre de fille, les murs avaient été peints en rose pâle, mais les demoiselles ont grandi (elles ont désormais 7 et 11 ans), et cette couleur un peu layette ne leur convient plus.
- **Les meubles.** Les filles ont, bien sûr, chacune leur lit, mais partagent la penderie, la commode, et surtout le bureau, ce qui devient problématique, car chacune a désormais besoin de son propre espace pour travailler. La commode, la penderie et les chevets sont en pin verni ; pas besoin de les changer, il suffira de les repeindre. La chaise, un peu vieillotte, devra disparaître ou trouver sa place dans une autre pièce.
- **Les sols.** La moquette est grise, un peu défraîchie, mais encore en assez bon état pour ne pas avoir besoin d'être remplacée ; sa couleur, relativement passe-partout, ne sera pas un handicap pour la nouvelle déco.
- **Les rideaux.** Roses comme les murs, ils n'étaient pas vilains, mais vraiment plus dans le coup.
- **L'éclairage.** Des petites lampes de chevet au pied en bois et un plafonnier en tissu rose offrent un éclairage un peu faible. Les filles ont besoin d'une lampe sur leur bureau.

Les murs

D'abord, il faut repeindre toute la pièce en blanc pour masquer le rose. Ensuite, on a opté pour un joli tapis bayadère dans des tons soutenus, mais pas trop agressifs. Le but va être de choisir une série de rayures et de les reporter dans les angles correspondant à chaque tête de lit (voir technique page 47). Afin de ne pas trop charger la pièce, les autres murs restent blancs.

Les meubles

Il va juste falloir choisir l'une des teintes du tapis (vert anis ou mauve) pour peindre la commode, la penderie et les chevets. Pour réaliser le bureau, on a opté pour trois blocs-tiroirs en acier blanc placés à gauche, à droite et au centre d'un panneau de bois stratifié blanc découpé sur mesure (magasins de bricolage). Les chaises blanches s'insèrent dans le décor sans le surcharger. Afin de renvoyer la lumière de la fenêtre (et que les filles puissent s'admirer), on a solidement fixé un grand miroir sur le mur situé tout de

Budget D&CO

- blocs-tiroirs 30 € pièce
- pouf poire 70 € • tapis 180 €
- chaises 39 € pièce • store 25 €
- panneau stratifié 60 €
- lampes articulées 19 € pièce
- abat-jour 6 € • store 25 € pièce • rideau de fils 50 €
- store 25 € • miroir 20 €
- store 25 € • rampe de spots 20 € • store 25 €
- guirlande lumineuse 40 €

Tous les prix sont donnés à titre indicatif.

suite à droite de la porte. Devant se trouve désormais un gros pouf poire, qui sert d'appoint et peut être facilement déplacé. Pour le linge de lit, mieux vaut rester dans de l'uni (toujours dans les tons du tapis). Pour le mur du bureau, on a réalisé deux grands pêle-mêle sur lesquels les filles pourront accrocher leurs photos préférées, et leur emploi du temps…

Les sols

Le tapis coloré donne toute sa personnalité à la pièce et masque une bonne partie de la moquette.

Les rideaux

La pièce est petite : ne chargez pas trop la fenêtre et achetez un rideau dans une teinte claire assortie aux bandes (ici le rideau est parme). Afin de séparer les deux lits sans pour autant trop couper l'espace, on peut agrafer directement au plafond un rideau de fils blanc et le couper à la largeur exacte des lits.

L'éclairage

Pour accentuer le côté moderne de la pièce, le plafonnier est en métal mat, large, en forme de cloche comme on peut en voir dans les gares ou les bistros. Cela donne un côté « récup industrielle » très tendance.

Sur le bureau, on a posé deux lampes articulées en acier (chacune la sienne !). Le pied des lampes de chevet a été repeint dans l'une des couleurs du tapis et on leur a ajouté un abat-jour dans le même ton. Et pour apporter une petite touche sympa, on a ajouté une guirlande lumineuse au-dessus de la commode.

N.B. La récup industrielle consiste à utiliser des objets qui proviennent d'usines, de chantiers, de gares, de piscines, etc… et de les détourner à des fins de déco !

Par exemple, un casier de vestiaire de gymnase devient un placard très tendance dans une chambre d'ado ! Beaucoup de grandes enseignes ont déjà « ressorti » des meubles métallisés inspirés de cette mouvance.

La peinture

Déterminante pour créer l'ambiance générale de la pièce, la couleur d'une chambre d'enfant doit surtout être choisie en fonction de la personnalité de son occupant.

Du parme au violet, du vert tendre à l'anis, avec des grosses fleurs ou des rayures... osez la couleur dans la chambre des enfants !

Osez la couleur !

Faites vos choix

N'hésitez pas à interroger le futur locataire quant à ses aspirations et à ses goûts ; au besoin, faites les boutiques avec lui et choisissez les couleurs en fonction d'un élément que vous aimez tous les deux (tapis, housse de couette, boîtes de rangement, etc.).

?
Fille ou garçon ?

Fille ou garçon, la différence est cruciale ! En effet, le choix des couleurs ne sera forcément pas le même dès lors que la chambre sera habitée par une maniaque des Barbie ou un fan de Superman.

Pour une chambre de bébé, on mettait autrefois du pastel, ça évolue, heureusement ! Un très beau turquoise, un beau jaune citron ou des papiers peints ultracolorés permettent à un jeune enfant de s'éveiller davantage ! Le rouge trop vif est à bannir en total look, mais par touches, il est le bienvenu ! Pour les filles, on peut ainsi opter pour des fuchsia, orange, violet, prune, turquoise... alors qu'un garçon évoluera plutôt dans des tons de bleu (marine, jean) ou de gris réchauffés d'une pointe de rouge.

Des trucs à savoir

- Si vous souhaitez poser des petits miroirs carrés autocollants à une distance toujours égale, servez-vous d'un rouleau d'adhésif de masquage comme repère ! Il suffit de fixer un premier miroir, de placer la tranche du rouleau au-dessus, puis de coller un deuxième miroir en respectant cette distance, et ainsi de suite.

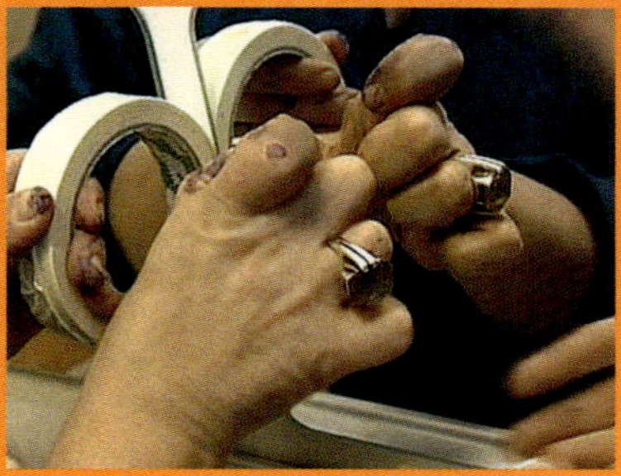

- Pour peindre facilement des bandes, utilisez des rouleaux en mousse de petite taille. Ils permettent d'appliquer la peinture plus rapidement et de manière plus uniforme qu'avec un pinceau.
- N'hésitez pas à appliquer plusieurs couches de peinture, car la couleur doit vraiment être dense et parfaitement uniforme, mais pas de précipitation : respectez bien les temps de séchage entre deux couches.
- Pensez aussi à la peinture pour tableaux, très sympa pour l'épanouissement des futurs artistes… ou pour les mamans qui pourront laisser les messages de leur choix.

PEINDRE DES BANDES VERTICALES

Choisir les couleurs de ses rayures bayadères, c'est bien, mais réaliser le motif, c'est encore mieux ! Ce qui peut sembler très compliqué s'avère en réalité être un jeu d'enfant. Il suffit de bien suivre quelques règles de base et de respecter les différentes étapes.

Le choix des couleurs. Même si l'élément qui a servi de base comporte de multiples couleurs, mieux vaut n'en retenir que trois (quatre au maximum) car, sur les murs, le motif sera très présent.

La pose du ruban de masquage et la peinture

Débutez par une couleur ; repérez les bandes correspondantes et posez du ruban de masquage de part et d'autre, à l'extérieur. Peignez l'intérieur des bandes en prenant quand même soin de ne pas trop déborder. Attendez 1 heure et tirez délicatement pour enlever l'adhésif. Répétez l'opération avec une autre couleur et ainsi de suite.

Il ne vous reste plus qu'à admirer le résultat !

L'adhésif de masquage

Vendu en rouleau, l'adhésif de masquage sert à délimiter une zone à peindre afin de ne pas déborder sur la couleur d'à-côté. Il sert notamment à réaliser des bandes verticales de différentes couleurs ou, plus simplement, à protéger un plafond ou une plinthe des débordements de peinture. Disponible en plusieurs largeurs, on le reconnaît facilement à sa couleur jaune clair et sa texture un peu fripée.

Un conseil : retirez toujours l'adhésif en tirant de l'intérieur de la bande vers l'extérieur (c'est-à-dire de la surface peinte vers la surface non peinte), sinon, gare aux bavures !

Une astuce : les rouleaux ont beau être assez gros, on a vite fait de les utiliser, car le ruban doit souvent recouvrir de nombreux mètres linéaires (sans compter les longues bandes que l'on ne parvient pas à placer du premier coup et qui s'enroulent irrémédiablement autour de nos doigts…). Pensez donc à en acheter plusieurs à la fois.

Les accessoires

Qu'ils soient grands ou petits, les enfants ont toujours des tas de merveilles à exposer dans leur chambre ! Pour éviter le grand bazar, aidez-les à les disposer joliment.

Indispensables !

Laissez parler votre imagination !

Pour habiller une chambre d'enfant, on peut, bien sûr, jouer sur les couleurs, mais il existe d'autres manières d'animer les murs pour créer une déco ludique et sympa. Cadres colorés, stickers à gogo, n'hésitez pas à choisir la déco avec votre enfant !

Jouez sur les mots

Très décoratives, les lettres en relief vous permettent d'habiller vos murs des messages de votre choix. Amour, bonheur, sleep, ou simplement des initiales sont autant de petits mots à décliner dans toutes les pièces de la maison.

Astuce déco : variez les modèles et les tailles pour un même message, il fera davantage d'effet. Si vous préférez jouer la discrétion, peignez les lettres de la même couleur que celle du mur. Un seul mot d'ordre : exprimez-vous !

Des trucs à savoir

- Pour coller des petits cadres pas trop lourds et éviter de faire des trous, on peut utiliser de l'adhésif double face ou de la gomme collante.
- Si votre enfant est un petit Picasso en herbe, collez sur un mur un lé de papier peint représentant des cadres noirs sur fond blanc (voir page 14), il pourra les remplir à sa guise. Et s'il n'aime pas trop dessiner, vous pourrez toujours y coller des photos qui seront directement encadrées !
- Pour habiller un mur sans le charger, voici un petit truc tout simple : peignez une bande horizontale de 15 cm de large, à environ 1 m du sol dans la couleur de votre choix. Achetez ensuite des stickers représentant des petits personnages et collez-les pour donner l'impression qu'ils marchent dessus. Supermignon !
- Si vous ne trouvez pas de lettres en métal, mais que vous désirez quand même écrire des messages sur vos murs, vous pouvez utiliser des pochoirs. Pas chers et faciles à trouver dans le commerce, ils permettent de créer des décors sympas en un tour de main ! Pour que vos messages soient bien lisibles et équilibrés, prenez soin d'espacer les lettres de manière très régulière et « écrivez » bien droit. Pour appliquer la peinture, on utilise une petite brosse spéciale et l'on tapote l'espace à remplir. Cette méthode évite de faire des coulures.

DES ŒUVRES BIEN ENCADRÉES

Si votre enfant aime bien dessiner, choisissez avec lui quelques-unes de ses œuvres préférées. Achetez ensuite des sous-verres dont l'encadrement est assorti aux couleurs de la pièce (bois brut ou blanc, alu brossé, noir…) et placez-y les dessins. Pour davantage d'effet, prenez-les de formes et de tailles différentes, par exemple deux carrés et quatre rectangles (deux grands, deux plus petits). Définissez ensuite un mur sur lequel les cadres seront mis en valeur et accrochez-les.

Une astuce : avant de mettre les tableaux en place, préparez la composition au sol en les plaçant de manière harmonieuse (en fonction, bien sûr, de la taille du mur). Une fois que cet assemblage vous plaît, fixez-les les uns après les autres.

Un truc : il existe des petits kits d'accrochage tout prêts et qui s'adaptent à tous les types de cadre. Ils soutiendront les œuvres de manière plus adaptée qu'un simple clou.

Un cadre pour les stars

Vous allez avoir certainement beaucoup de mal à gérer avec votre ado son incroyable propension à recouvrir sa chambre de posters et autres photos de ses stars préférées. Pour éviter que la déco que vous lui avez choisie avec amour soit noyée sous les pages de magazines, dénudez l'un des murs (pas le plus grand, de préférence) et marquez ses contours à l'aide de baguettes de bois peintes dans l'une des couleurs de la pièce.
Ce cadre géant permettra au collectionneur d'exposer ses idoles à une place de choix, tout en limitant leur prolifération sur les autres murs de la pièce.

Une taille adaptée

Vous avez décidé de relooker la chambre de votre enfant ; très bonne idée ! Mais afin de ne pas renouveler trop souvent la coûteuse opération du rachat de meubles, mieux vaut privilégier les éléments évolutifs qui pourront « grandir » avec lui.

Relooker sa chambre est un moyen de s'affirmer quand on est ado ! Il faut donc toujours penser à adapter la taille et le look des meubles à l'âge de vos enfants. C'est peut-être le moment de vous y mettre !

Le changement dans la continuité

Relooking express

Qu'il s'agisse du lit ou du bureau, on trouve désormais des meubles modulables pour un prix très raisonnable.

Et si vous aviez déjà fait des investissements un peu coûteux, mais plus très tendance, un simple coup de pinceau leur donnera tout de suite un air branché.

Penderie poids plume

Vous n'avez pas envie d'encombrer la chambre avec un grand placard en bois et, malgré votre bonne volonté, vous n'êtes jamais parvenu à déchiffrer les notices des meubles en kit... Votre planche de salut : la penderie en toile.

Bon marché, enfantin à monter, facile à déplacer et peu encombrant, ce type de meuble existe désormais dans des tissus et des teintes très sympas. À choisir selon la déco de la chambre, en toile de coton couleur jean, rouge, blanc cassé ou version cabine de plage, on les trouve sous forme de penderie simple ou combinée à des étagères. Et si vous vous en lassez, elle trouvera forcément sa place dans un endroit plus discret de la maison comme la cave ou la buanderie.

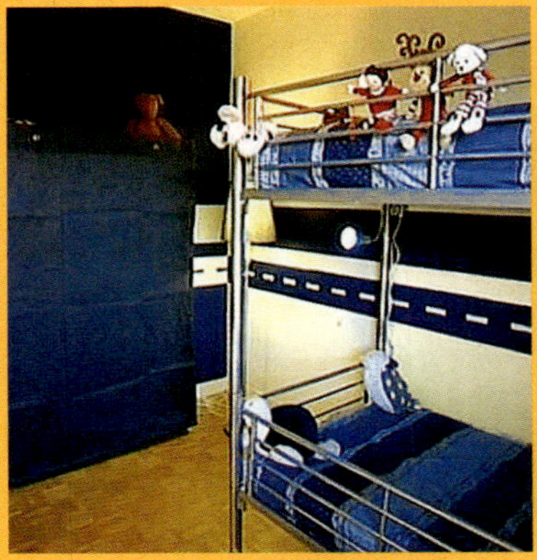

Les meubles

Des trucs à savoir

- Pour un effet hypergraphique, peignez des motifs (cercles, lettres) sur les murs et continuez-les sur le meuble qui leur est adossé en veillant à le positionner parfaitement en face !
- Si vous avez la place, glissez sous le lit de grandes boîtes de rangement sur roulettes ; vous pourrez y mettre tous les jouets que vous ne désirez pas voir traîner au milieu de la chambre. Vous les masquerez en laissant pendre la couette sur les rebords du lit.
- En guise de chevet, on peut mettre un joli petit tabouret qui pourra servir de siège d'appoint dès que l'occasion se présentera.
- Lorsque les enfants sont encore petits, privilégiez les meubles aux bords arrondis et non pas ceux aux arêtes vives, bien plus dangereux.
- Si deux enfants partagent la même chambre, veillez à ce que chacun ait un coin bien à lui, où il pourra jouer en toute tranquillité, voire se réfugier.

LES MEUBLES ÉVOLUTIFS

Bureau, lit, penderie, font partie des achats de base que vous devez faire lorsque vous aménagez une chambre d'enfant, mais ce qui convient à un petit n'est plus forcément adapté à un ado... Pour faire face à ce problème, il existe des meubles qui « grandissent » avec l'enfant et permettent de l'accompagner dans les différentes étapes de sa croissance.

Un grand classique : le lit de bébé muni de barreaux amovibles que l'on supprime dès que l'enfant est en âge de se lever sans danger. La table à langer peut quant à elle se transformer en rangement et accueillir vêtements ou jouets. L'espace jusqu'alors réservé au petit matelas sera occupé par une grosse boîte remplie de divers objets.

Pour les 4-5 ans, on peut trouver des lits de petite taille (85 x 135 cm), extensibles jusqu'à 206 cm quand le besoin s'en fera sentir.

Il existe également toute une gamme de rangements amovibles en tissu à suspendre dans les penderies ; elles serviront d'étagères pendant un moment et pourront laisser la place à la penderie dès lors qu'il y aura davantage de vêtements à suspendre.

Les sièges de bureau dont l'assise est réglable en hauteur s'adaptent aux plus petits et aux plus grands et sont souvent plus confortables pour travailler qu'une chaise classique.

Quant aux bureaux, agrémentez-les au fil des besoins de caissons sur roulettes, très pratiques pour abriter des tas de petits papiers secrets !

Mission rangement

Que la chambre de votre enfant soit perpétuellement bien rangée vous paraît relever du défi ? Pas étonnant s'il ne possède pas les éléments adéquats pour trier et camoufler ses jouets. Vos alliés dans cette bataille quotidienne s'appellent « malles, caisses à roulettes et autres caissons transparents » à placer sous le lit (voir Des trucs à savoir) ou à empiler dans un coin. Un brin de discipline, une once d'organisation et votre cher bambin apprendra vite à y entreposer ses trésors, pour votre plus grande satisfaction.

Un nouveau look

Vous n'êtes pas obligé d'abuser de la couleur, mais quelques touches bien disposées donneront vraiment du cachet à cette pièce ! Mais attention quand même à ne pas surcharger l'atmosphère !!!

On change !

Un peu, beaucoup…

Que l'on décide de changer le mobilier de fond en comble ou que l'on se cantonne à quelques touches de peinture judicieusement apportées sur d'anciens meubles, on peut facilement donner à la chambre des enfants un tout nouveau look qui leur correspond mieux.

Une étagère au-dessus du lit

Si le lit est placé contre un mur et qu'il n'y a pas la place de mettre un chevet, une solution simple : l'étagère murale. Il en existe dans toutes les tailles et de toutes les formes. Le mieux est de privilégier celles qui ont une certaine épaisseur et dont les fixations ne sont pas apparentes.
Pour déterminer la hauteur à laquelle elle doit être placée, il suffit d'allonger l'enfant sur le lit et lui demander de se relever. On prendra alors une certaine marge en hauteur pour éviter qu'il ne s'assomme en cas de réveil trop brutal ! Pour l'éclairage, un spot à pince, simplissime à poser, sera parfait.
Attention néanmoins à ne pas surcharger l'étagère de livres et autres objets trop lourds. Le poids maximum qu'elle peut supporter figure généralement sur l'emballage.

Les meubles

Des trucs à savoir

● Pour changer un peu des classiques pêle-mêle, prenez un cadre en bois d'environ 50 x 70 cm, puis peignez-le dans l'une des couleurs utilisées pour la chambre. Achetez 1 m ou un petit rouleau de grillage fin en acier (magasins de bricolage) et découpez-le de manière à pouvoir le fixer au dos du cadre à l'aide d'une agrafeuse murale; attention, il doit être bien tendu !

Achetez de jolies petites pinces colorées et servez-vous en pour accrocher des photos ou les cartes de votre choix. Une astuce: pour accélérer le séchage de petits supports, utilisez un sèche-cheveux (on a bien dit : de petits supports… !).

● Pour redonner un coup de jeune à une commode, il suffit d'en changer les poignées. S'il s'agit de simples boutons, pas de problème: vous pourrez les remplacer en glissant les nouveaux dans le trou existant. Si le meuble était muni de poignées, veillez à bien noter l'écartement entre les anciens trous avant d'en acheter de nouvelles, car vous risqueriez de ne pas pouvoir les mettre en place ! Si jamais vous avez craqué pour des modèles très différents, bouchez les anciens trous avec de l'enduit à bois (magasins de bricolage), repeignez le meuble (voir ci-contre) et percez de nouveaux trous.

DU NEUF AVEC DE L'ANCIEN

Si vous n'avez pas l'envie ou les moyens de changer le mobilier, mais que vos désirs de renouvellement vous taraudent: à vos pinceaux ! La plupart des meubles peuvent être peints sans problème. En revanche, selon leur matériau d'origine, ils ne doivent pas tous recevoir le même traitement. Voilà donc quelques conseils pour jouer avec les couleurs en toute sérénité.

• ***Les meubles en bois brut.*** Appliquez la peinture directement sur le meuble. Prévoyez au moins deux couches pour un fini parfait.

• ***Les meubles en bois vernis.*** Pour que la nouvelle peinture adhère bien à un meuble qui a été verni, il faut le poncer soigneusement. Pour cela, utilisez du papier de verre à grains fins, qui n'abîmera pas le meuble. Frottez dans le sens du bois afin de ne pas créer de rayures qui pourraient être visibles, même sous la peinture. Une fois que le vernis est enlevé, nettoyez la poussière engendrée par le ponçage à l'aide d'une éponge humide. Attention, elle ne doit pas détremper le bois ! Appliquez ensuite la peinture comme indiqué ci-dessus.

• ***Les meubles stratifiés ou plastifiés.*** Les meubles recouverts de la sorte nécessitent la pose d'une sous-couche. Achetez une sous-couche spéciale stratifié ou, si vous avez plusieurs surfaces à repeindre, prenez de la sous-couche dite « universelle » (magasins de bricolage), sinon la peinture ne pourrait jamais adhérer de manière durable. Comptez environ 2 heures de séchage pour la sous-couche, puis peignez le meuble comme indiqué ci-dessus.

• ***Les meubles lasurés.*** La lasure est un produit que l'on applique sur un meuble en bois et qui lui donne une légère teinte tout en en laissant apparaître les veines. La lasure est disponible dans des tons plus ou moins soutenus, allant du blanc au bleu en passant par le jaune ou les tons rosés. Pour pouvoir repeindre un meuble lasuré, il faut le poncer (voir point 2); pratiquez ensuite comme indiqué. Petite option: si vous désirez juste foncer un meuble en bois brut vernis, ou lasuré, poncez-le, puis frottez dessus un chiffon imbibé de brou de noix ou de teinture pour bois (magasins de bricolage), le résultat est immédiat. À savoir: la peinture acrylique satinée est assez solide, mais si vous peignez des meubles sur lesquels s'exercent souvent des frottements ou que vous avez besoin de laver régulièrement, prenez plutôt un vernis que vous appliquerez 24 heures après le séchage des meubles. Quant à la version mate, oubliez ! Taches et traces de doigts la gâcheraient à vitesse grand V. Une astuce: pour un effet girly, recouvrez le tout d'une dernière couche de peinture à paillettes (magasins de loisirs créatifs). Présentée sous la forme d'une peinture blanche un peu pâteuse, elle s'applique au rouleau. Elle prend alors la forme d'un film blanc qui, en séchant, disparaît pour laisser la place à de ravissantes paillettes.

Un petit truc: pour un effet vraiment spectaculaire, prolongez les rayures peintes sur un mur sur une armoire ou une commode, en prenant soin de les placer parfaitement dans l'alignement. Les meubles sembleront se fondre dans le mur, c'est vraiment rigolo !

ESPRIT RÉCUP'

Si vous désirez donner à la chambre un petit air rétro, chinez des vieux meubles de classe (bureaux, chaises, cartes géographiques murales, etc.). Si besoin, donnez-leur quand même un petit coup de neuf en les nettoyant, puis en les revernissant ou en les repeignant. Réservez cette déco à des enfants petits dont la taille – et les goûts encore peu marqués – correspondent mieux à ce style de mobilier.

La moquette

Pour réchauffer l'atmosphère d'une chambre (et si vous n'êtes pas allergique !), la moquette est un revêtement idéal ; d'ailleurs, dans les immeubles neufs, les pièces de sommeil en sont généralement recouvertes. Elles existent en différentes qualités ou dimensions. Voici donc de quoi mieux vous y retrouver.

Pour des matins douillets et des parties de jeu top confort, recouvrez le sol d'une moquette bien épaisse !

Chaleur et confort

Les différents types de moquette

• ***La moquette velours.*** Elle est constituée de poils coupés de manière uniforme. En fonction de leur hauteur (plus ou moins courte), cette moquette sera plus ou moins douce aux pieds. Généralement réalisée dans des fibres synthétiques, cette moquette se décline en une multitude de couleurs et reste relativement bon marché (entre 2 et 30 € le m² environ).

• ***La moquette bouclée.*** Elle est semblable à la moquette velours, mais au lieu de raser les boucles et de libérer les poils, on les a conservées. Plus ou moins hautes, plus ou moins épaisses, elles donnent à cette moquette un relief tout particulier. Elles existent en version unie ou chinée (mélange de deux ou de plusieurs couleurs). Leur prix varie de 5 à 50 € le m², car elles sont souvent réalisées en pure laine.

• ***La moquette fantaisie.*** Association subtile des deux modèles précédents, cette moquette mêle velours et bouclettes pour créer des effets et des motifs tout à fait originaux. Elles existent dans des matières synthétiques ou naturelles, mais présentent un choix de couleurs moins varié que des modèles plus classiques. On les trouve entre 7 et 50 € le m².

• ***La moquette en fibres végétales.*** Coco, sisal, jonc de mer, bambou… autant de fibres végétales servant à tisser des moquettes à la fois très esthétiques et particulièrement résistantes. Bien que le choix des couleurs reste limité aux teintes naturelles, on en trouve désormais dans des tons gris ou noirs, très tendance, pour un coût de 6 à 40 € le m².

• ***La moquette imprimée.*** Décorée de divers motifs (pastilles, formes géométriques, fleurs, etc.), la moquette imprimée peut être un élément de déco à elle seule. À réserver aux pièces sobres et neutres. Les prix vont de 6 à 30 € le m².

N.B. : ces prix sont ceux de la grande distribution. On trouve aussi des moquettes réalisées pratiquement à la demande, dans des matières onéreuses ou avec des motifs particuliers ; elles sont généralement d'un coût plus élevé.

Des trucs à savoir

- Les moquettes ne sont pas toutes vendues dans une seule largeur. On peut ainsi trouver des modèles en 2, 4 ou 5 m de large. Il faut donc choisir le métrage en fonction de la pièce qu'elle va recouvrir, afin d'avoir le moins de chutes possible. Prenez donc bien les mesures de vos pièces avant de vous rendre en magasin et demandez conseil aux vendeurs avant de passer votre commande.
- Si l'ancienne moquette est rase et que la pièce contient des meubles lourds et encombrants, on peut poser la nouvelle moquette directement dessus en la collant avec de l'adhésif double face. Bien sûr, il faut réserver ce type de pose aux pièces ayant un très faible passage, sinon les pas et les divers frottements auraient tôt fait de faire bouger la moquette et de créer de vilains plis irrécupérables.
- Pour éviter de vous prendre les pieds dans la moquette en entrant, installez une barre de seuil !
- On trouve certaines moquettes sur lesquelles a été appliqué un traitement antitache. Contrairement à son nom, ce procédé n'empêche pas la tache de se former, mais il imperméabilise la moquette : s'il est épongé rapidement, le liquide ne laissera pas de trace. Ces moquettes sont, bien sûr, un peu plus chères à l'achat.
- Voir aussi l'entretien des tapis, page 37.

UNE QUESTION DE SANTÉ

• La moquette est un repaire très apprécié des acariens dont les déjections et débris s'avèrent particulièrement allergènes pour certaines personnes. Une aspiration profonde et régulière ainsi qu'une bonne aération de la pièce suffisent en général à les faire disparaître. Cependant, si vos enfants sont particulièrement sensibles à ce type d'allergie, proscrivez la moquette de chez vous ou n'achetez qu'une moquette traitée antiacariens.

• Certains dossiers en mousse contiennent du formaldéhyde, un composé organique volatile qui peut s'avérer irritant.

Si vous ou votre entourage ressentez des picotements, des démangeaisons, voire de l'asthme ou des nausées, c'est peut-être la moquette qui est en cause.

Pour pallier ces problèmes, plusieurs fabricants ont décidé de ne plus utiliser de produits chimiques dans leurs moquettes ou de les traiter spécifiquement contre les acariens ; pour reconnaître ces moquettes, vérifiez qu'elles portent le label GUT (*Gemeinschaft Umweltfreundlicher Teppichboden*) décerné par l'Association des moquettes écologiques. Pensez à vous renseigner !

• D'une manière générale, privilégiez les matières naturelles (laine, sisal, coso, etc.) plutôt que les fibres synthétiques et choisissez des poils ras.

La laine, une valeur sûre

Utilisée depuis des centaines d'années dans la fabrication des tapis, la laine reste un matériau noble et chaleureux. Particulièrement douce aux pieds, la moquette en laine peut être réalisée en version velours ou bouclée (voir page ci-contre) dans une vaste gamme de couleurs. Contrairement aux fibres synthétiques qui peuvent prendre feu, la laine est parfaitement ignifuge. Elle offre également l'avantage d'être antistatique et constitue un excellent isolant phonique. Elle est donc le matériau idéal pour les chambres, mais son coût reste un peu élevé.

Couleurs et matières

Certains enfants ne peuvent dormir que dans l'obscurité absolue ; d'autres ont besoin d'entrevoir les lumières de la rue pour se reposer. Avant de choisir le type de rideau que l'on va mettre dans une chambre d'enfant, il convient donc de définir avec lui quelles sont ses habitudes et ses préférences. Ensuite, il ne s'agira plus que d'une question de couleur !

Déterminer les priorités

Occultants ou pas…

Si votre enfant aime le noir absolu, rien ne vaut les volets… Il existe néanmoins des rideaux et des stores permettant d'obtenir une bonne pénombre. Si vous faites faire des rideaux sur mesure, pensez à demander une doublure bien opaque qui, ajoutée à l'épaisseur du rideau, masquera efficacement la lumière.
Si vous avez opté pour des rideaux prêts à poser, n'hésitez pas à improviser vous-même une doublure en ajoutant derrière un autre rideau moins épais.

?

Un ciel de lit

Pour transformer un lit tout simple en alcôve de princesse, une solution simple : le ciel de lit. Composé d'un demi-cercle en acier muni, à chaque extrémité, de deux pattes dans lesquelles passent les vis destinées à être insérées dans le mur, le ciel de lit est un véritable élément de déco que les petites filles adorent.
On peut le placer de deux manières différentes : centré sur la tête du lit ou centré sur sa largeur ; on opte pour cette deuxième option lorsque le lit est adossé à un mur (un peu comme s'il s'agissait d'un canapé).
Dans les deux cas, placez-les à environ 2,20 m du sol.
Une fois fixé, il suffit de lui ajouter un rideau de chaque côté (ceux avec des nouettes sont les plus faciles à accrocher, voir page 22) et, après les avoir drapés harmonieusement, de les maintenir au mur à l'aide de crochets ou d'embrasses.

Un rideau, c'est parfait pour occulter une fenêtre, mais il fait aussi rêver les princesses en herbe quand on l'utilise comme ciel de lit !

Les rideaux

Des trucs à savoir

- Si vous souhaitez donner une belle unité à la pièce, utilisez le même tissu pour réaliser les rideaux et le dessus-de-lit. S'il vous reste des chutes, faites quelques coussins que vous pourrez placer sur le lit, ou sur des sièges.
- Si vous avez l'habitude de fermer les volets pour occulter la lumière, installez quand même des rideaux (plus ou moins épais) pour masquer la fenêtre. Ils contribueront à apporter une certaine chaleur à la pièce, car une fenêtre nue, même les volets clos, c'est un peu froid.

- Pour vivre Noël toute l'année, placez derrière un voilage une guirlande lumineuse munie de minuscules ampoules (magasins de déco); vous pourrez l'allumer au gré des envies de votre enfant… et vous pouvez toujours piquer l'idée pour votre propre chambre !

Les rideaux de fils

Parfaits pour séparer une pièce en deux, délimiter une entrée, masquer une fenêtre ou simples objets de déco, les rideaux frangés sont partout. Constitués de longs fils en matière synthétique, tressés et disposés les uns à côté des autres sur une bande tramée qui leur sert de support, ils ont déferlé dans la déco comme une traînée de poudre. Il est vrai qu'ils ont de quoi séduire ; en effet, il n'est pas obligatoire de les installer sur une tringle, on peut simplement les agrafer au plafond. En outre, ils s'adaptent à toutes les hauteurs, il suffit d'égaliser les fils avec une paire de ciseaux bien aiguisés. Leur aspect aérien permet également de personnaliser la déco, mais sans l'alourdir, et leur prix (de 15 à 50 € environ) les rend très abordables… Disponibles pour l'instant dans un nombre relativement limité de coloris (blanc, rouge, noir, kaki ou franges multicolores), ils trouveront néanmoins facilement une place de choix dans votre décor.

Une astuce pour donner beaucoup d'effet à un mur, peignez-le dans une teinte foncée (aubergine, prune, gris, etc.) et recouvrez toute sa surface de rideaux de fils blancs ou noirs qui courront d'un mur à l'autre. Lorsque vous vous déplacerez dans la pièce, les fils bougeront sensiblement en laissant entrevoir la couleur du mur pour un effet optique aussi saisissant qu'esthétique.

Du classique au plus fun

Les chambres d'enfant ne doivent pas être éclairées à la légère. En effet, il convient de privilégier certains points de la pièce, comme le bureau ou le chevet. N'hésitez pas à mettre plusieurs sources de lumière : il en existe de toutes formes et tailles, et pour toutes les bourses, des plus fun aux plus classiques ! Voilà quelques conseils pour vous guider.

Vous le savez, la lumière est hyperimportante, surtout dans les chambres ! Cela ne vous empêche pas quelques fantaisies comme cette guirlande lumineuse très déco !

■ Multipliez les sources

Une lecture éclairée

Le plaisir de lire au lit ne doit pas être gâché par un éclairage défaillant. Il convient donc de respecter quelques règles simples.

- ***Les lampes à poser.*** Si vous avez la place de mettre un chevet à côté du lit, placez dessus une lampe munie d'un pied assez haut pour que l'ampoule n'éblouisse pas l'enfant quand il est assis pour lire.
- ***Les appliques.*** Là non plus l'ampoule ne doit pas être visible ; en outre, il est indispensable que l'interrupteur soit situé assez près de la tête de lit pour que son occupant n'ait pas besoin de se relever pour éteindre la lumière.
- ***Les lampes à pince.*** Elles se clipent sur un élément mural et permettent d'obtenir un point de lumière lorsque l'on ne peut installer ni applique ni chevet. Articulées ou non, on peut modifier leur inclinaison à volonté. Attention, cette manipulation ne doit être réalisée que lorsque la lampe est éteinte, sinon gare aux brûlures !

N'utilisez pas d'ampoules à trop fort voltage : une lumière douce est déjà un premier pas vers l'endormissement.

Veilleuses nouvelle génération : le top !

On trouve sur le marché des petites veilleuses colorées en forme de cœur, d'étoile, de rond, de cube…

Mesurant une dizaine de centimètres, elles se posent aisément sur le bureau ou le rebord du lit.

Elles s'actionnent d'une simple pression et apportent une lumière douce et apaisante. Pour un prix d'environ 12 €, elles ont une durée de vie d'environ 10 000 heures, ce qui permet de chasser ses peurs en toute sécurité et à moindres frais !

L'éclairage

Des trucs à savoir

- Afin de créer une harmonie, utilisez le même abat-jour (dans des tailles différentes) pour habiller les lampes de chevet et le plafonnier.
- Si vous optez pour des abat-jour fantaisie, pensez qu'ils masquent davantage la lumière que leurs alter ego unis. Mieux vaut donc les réserver pour les lampes d'appoint dont la fonction première n'est pas tant d'éclairer la pièce que de servir de simple point lumineux.
- Jouez la simplicité avec des luminaires intemporels : un modèle trop marqué (personnage de dessin animé sur l'abat-jour, pied de lampe tarabiscoté ou très « bébé ») lasse beaucoup plus vite qu'une lampe classique, et éclaire souvent moins bien.
- N'éclairez jamais une chambre d'enfant avec des bougies, c'est vraiment trop dangereux !
- Pensez toujours à bien éclairer le coin jeu et le bureau, car l'enfant y passe souvent beaucoup de temps.

ESPRIT RÉCUP'

Une guirlande lumineuse géante

Achetez plusieurs abat-jour boules en papier, de taille moyenne, blancs ou de couleurs différentes (par exemple, rose et blanc ou blanc et rouge, en fonction de la déco).

Le jeu consiste à empiler les boules les unes au-dessus des autres, du sol au plafond. Pour déterminer le nombre de boules dont vous aurez besoin, mesurez la hauteur sous plafond, puis celle de chaque boule une fois dépliée.

Vous avez peu de chances de tomber pile, mais mettez autant de boules que vous pouvez. Dans un angle de la pièce, fixez une première boule au plafond, puis accrochez-les les unes aux autres (par l'intérieur) à l'aide de fil de fer fin. Achetez également une guirlande lumineuse munie de petites ampoules nues, fixez son extrémité au plafond (à l'aide d'un petit crochet ou de quelques agrafes murales), et glissez-la à travers les boules. Il ne vous reste qu'à brancher la prise et à admirer le résultat !

Un conseil, placez cette guirlande dans un coin de la pièce où l'on n'a pas besoin de passer souvent, car elle est un peu fragile et aurait du mal à supporter les manipulations répétées.

Des lampes originales et sympas

Les lampes boules que l'on pose au sol sont vraiment top ! Elles sont à la fois fun pour les ados et sans danger pour les enfants, car on peut les toucher sans que cela brûle les petits doigts ! En plus, elles possèdent un interrupteur variateur qui permet de moduler la lumière en changeant d'ambiance !

On l'a vue et revue, mais la guirlande lumineuse reste un objet vraiment décoratif et très sympa dans une chambre d'enfant. On trouve de nombreux modèles différents (petites lettres en silicone, lampions colorés, fleurs en plastique [comme ci-dessus] ou en tissu, papier décoratif, etc.). Il suffit de choisir en fonction de la déco de la chambre et de l'endroit où elle va être placée. Autre option, une jolie branche de cerisier délicatement décorée de petites fleurs, à fixer sur un mur.

Et pour des soirées enchantées, placez un rideau lumineux sur la fenêtre, derrière un voilage : la lumière sera aussi subtile que décorative.

La

Même si on ne passe pas sa vie dans la salle de bains, on a envie de s'y sentir à l'aise. En effet, prendre soin de soi dans une atmosphère chaleureuse et confortable met forcément de meilleure humeur que si l'on doit se préparer sous la lumière blafarde d'un néon défaillant !
Pour débuter la journée du bon pied et la terminer dans une ambiance apaisante, suivez nos quelques conseils. On vous explique comment faire.

salle de bains

Vous sentez bien que quelque chose cloche… Quelques solutions simples et tout ira mieux !

- **Les murs.** Des carreaux vert pâle autour de la baignoire, des murs jaune paille… une ambiance apaisante mais vous avez envie de neuf !
- **Les meubles.** Un lavabo qui a vécu, surmonté d'une armoire de toilette et de son inséparable néon, et flanqué sur la droite d'un petit porte-serviettes… On devrait pouvoir moderniser un peu tout ça. Quant à l'étagère en bois brut débordant de mille et un produits, elle n'aura plus sa place dans le nouveau décor, ce qui va permettre de faire un tri drastique et de se débarrasser de tas d'objets inutiles. La panière en plastique beige va finir à la cave ou dans un placard.
- **Les sols.** Du carrelage blanc, c'est parfait ! Mais le petit tapis en bouclette, on va peut-être le changer, non ?
- **Les rideaux.** Vous avez beau le remplacer régulièrement, le rideau de douche n'a jamais un aspect très net.
- **L'éclairage.** Mis à part le néon de l'armoire de toilette qui, il faut bien le dire, n'est pas très flatteur au teint, vous avez également un plafonnier fait d'un globe en verre dépoli blanc.

Les murs

Vous n'avez ni l'envie ni les moyens de refaire tout le carrelage. Qu'à cela ne tienne : il existe des peintures très résistantes, tout spécialement prévues à cet effet (voir page 73). Le nouveau carrelage sera donc blanc. Le mur à gauche en rentrant et celui près duquel se trouve le lavabo seront eux aussi repeints en blanc, et le mur de droite en beige mastic (voir pages 66 et 67).

Les meubles

On supprime le lavabo sur pied pour le remplacer par un bloc composé d'un élément spécialement conçu pour masquer les tuyaux (mais qui sert aussi de rangement) et d'un autre composé de trois tiroirs, le tout recouvert d'un plan de travail en chêne huilé. Il ne reste plus qu'à poser une jolie vasque en céramique blanche et un beau robinet mitigeur, et la salle de bains est totalement transformée ! Si vos talents de bricoleur en sont à leurs balbutiements, mieux

Budget D&CO

- Meuble pour lavabo avec plan de travail 150 € environ
- vasque en céramique 89 €
- robinet 50 €
- miroir 35 €
- échelle en bambou 30 €
- banc en noyer 35 €
- panière en osier 50 €
- pare-douche 140 €
- spot 15 €
- portemanteau 15 €
- tapis en éponge 15 €

Tous les prix sont donnés à titre indicatif.

Après

vaut faire appel à l'un de vos amis ou aux services d'un pro pour installer le tout. Au-dessus de la vasque trône désormais un grand miroir rond. Le porte-serviettes, un peu démodé, a été remplacé par une échelle en bambou. Sur le mur de droite en rentrant, on a placé un petit banc en noyer agrémenté d'une étagère qui pourra accueillir des paniers en osier ou des serviettes. Dernière touche naturelle : une grosse panière en osier pour recevoir le linge sale. Vous ne saviez pas où accrocher vos peignoirs… installez un joli portemanteau sur le mur situé à gauche en rentrant.

Les sols

Juste un récurage à fond pour bien nettoyer les joints. On ajoute un tapis en éponge assorti aux serviettes, et voilà.

Les rideaux et le linge

Il existe toutes sortes de rideaux de douche, mais pour un prix modique et un fini plus soigné, on a opté pour un pare-douche (voir page 74). Faites-vous plaisir avec une série de nouvelles serviettes de bain et de peignoirs, à choisir dans des tons naturels (blanc, beige, mastic, etc.).

L'éclairage

Puisque l'armoire de toilette a disparu, on a fixé un gros spot blanc à base ronde au-dessus du miroir ; le même modèle, mais muni de trois lampes, a servi à remplacer le globe du plafond.

Le carrelage

On peut, bien sûr, recouvrir entièrement de carrelage les murs d'une salle de bains, mais cela va vous revenir cher et risque d'alourdir un peu l'atmosphère. Mieux vaut donc alterner carrelage et peinture, mais pas n'importe lesquels, et pas n'importe comment !

Les émaux de Briare

Il y a quelques années, on les voyait partout puis ils ont disparu au profit des nouvelles générations de carrelage qui offraient davantage de diversité. Remis au goût du jour grâce à l'attrait croissant pour la mosaïque, les émaux de Briare, ces petits carrés à l'allure de bonbons colorés, sont désormais incontournables dans les salles de bains tendance.

Présentés sur des filets ou des bandes, ils se posent comme du carrelage normal ; vendus à l'unité, ils permettent de créer des motifs très personnels. Et si vous avez quelques milliers d'euros à votre disposition, offrez-vous des fresques dignes des plus luxueux palais italiens ou des fleurs géantes qui dépasseront les frontières de vos pièces d'eau pour conquérir votre salon !

La faïence

Un grand classique

La faïence est certainement le matériau le plus utilisé sur les murs des salles de bains. Ce n'est pas par hasard ; elle possède en effet de nombreux atouts !

- Elle est bon marché. Fabriquée mécaniquement, elle est composée d'une terre tendre cuite, puis émaillée au cours d'une deuxième cuisson. Cette technique permet de la produire en très grosses quantités, dans des tailles très différentes et pour des coûts de fabrication raisonnables. On trouve des carrelages à partir de 10 € le m^2, mais il existe également des carreaux de faïence émaillés de manière artisanale, dont les prix peuvent exploser pour atteindre plusieurs centaines d'euros le mètre carré…
- Elle s'entretient très facilement. Puisqu'elle n'est pas poreuse (contrairement à la pierre naturelle), un simple coup d'éponge imbibée d'un produit d'entretien permet de la nettoyer sans problème et lui rend son aspect d'origine en un clin d'œil. Elle ne nécessite pas non plus le moindre traitement spécifique après la pose.
- On en trouve de nombreux modèles. Lisses ou granuleux, plats ou à reliefs légèrement bosselés ou striés, dans des tons vifs ou pastel, unis ou à motifs… toutes les combinaisons sont possibles pour une multitude de styles.
- Elle se marie très bien avec d'autres matériaux comme le verre ou le bois pour des compositions esthétiques et originales.

Petit bémol : du fait que la surface émaillée n'est que superficielle, le moindre éclat laisse apparaître la terre cuite. La seule solution consiste alors à changer le carreau, ce qui peut s'avérer être une tâche très difficile ! C'est la raison pour laquelle on utilise davantage la faïence sur les murs qu'au sol, forcément plus exposé aux chocs.

Les murs

Des trucs à savoir

- N'hésitez pas à refaire régulièrement le joint autour de la baignoire. Vous conserverez non seulement toute l'étanchéité nécessaire à un bon entretien général et éviterez l'accumulation de salissures et moisissures diverses qui se développent à ces endroits.
- Autour de la douche, les carreaux ont tendance à se recouvrir d'un voile de calcaire qu'il convient de supprimer régulièrement. Certes, il existe dans le commerce des produits anticalcaire très efficaces, mais s'ils sont parfaits pour les lavabos et les baignoires, ils ont une fâcheuse tendance à grignoter les joints… Pour cet endroit, privilégiez donc le bon vieux vinaigre de vin blanc ! Performant et écologique, il nettoiera efficacement les carreaux tout en préservant l'environnement. Attention : cette technique doit être réservée aux carreaux émaillés, car le vinaigre, comme tout produit abrasif et l'eau de Javel, attaquerait les carreaux en pierre naturelle (pierre ou marbre non traités).
- Pour réaliser une cloison sympa (par exemple entre la douche et la baignoire) sans perdre de luminosité, utilisez des pavés de verre.
- Pour une déco originale, créez une mosaïque (voir page 83).

AUTOUR DE LA BAIGNOIRE

Le carrelage s'impose ! En effet, cet endroit est tellement exposé à l'eau qu'il nécessite d'être efficacement protégé contre les projections. Une simple peinture pourrait tenir quelques mois, mais finirait forcément par s'écailler, ce qui aurait pour conséquence d'humidifier le mur de manière très problématique. Il existe néanmoins des peintures extrêmement résistantes et spécialement prévues à cet effet ; renseignez-vous dans les magasins de bricolage.

Si, pour le sol, les carrelages en pierre ou en terre cuite sont de bonnes options (voir pages 72 et 90), mieux vaut les éviter sur les murs, où l'eau ruisselle, car s'il existe des produits imperméabilisants, ils resteront toujours plus poreux que les carrelages émaillés.

Autre point essentiel : le joint autour de la baignoire doit être réalisé après la pose du carrelage afin de créer une parfaite étanchéité, et doit être refait régulièrement.

Si vous le voulez, vous pouvez peindre votre carrelage. Il existe de la peinture spéciale qui permet de changer la couleur de vos vieux carreaux en un rien de temps (voir page 73) ! Lâchez-vous !

Les frises

Pour égayer un carrelage uni, il existe une vaste gamme de frises. Présentées sous forme de bandes de la taille d'un carreau ou vendues au mètre, les frises peuvent être unies, reprendre un motif du carrelage ou en présenter un très différent. On peut ainsi les choisir soit dans des couleurs proches de celle des carreaux soit dans des tons tranchés.

Pour une ambiance maritime, on associe ainsi souvent des carreaux blancs et une frise turquoise.

Pour une atmosphère chaude, on privilégiera un rouge foncé et un kaki.

En revanche, on obtiendra une ambiance zen en utilisant des carreaux de ciment à l'aspect mat, ou des galets qui s'appliquent à la fois au sol ou autour de la baignoire.

La peinture

Hypertendance, le tadelakt a investi les salles de bains les plus branchées. Pour une pose vraiment parfaite, c'est plus sûr de faire appel à un pro, mais vous pouvez commencer par une petite surface, comme le tour du lavabo...

Bon plan !

Un matériau indispensable

Lorsque l'on a choisi une base de carrelage, il ne reste plus qu'à trouver la peinture qui va recouvrir les autres murs de la pièce et les endroits non carrelés. Plusieurs options sont possibles, mais veillez toujours à utiliser les produits adéquats.

?

Le choix de la peinture

La peinture acrylique est top résistante ! Il faut choisir simplement la spéciale « salles d'eau » (je vous le redis, évitez la glycéro, même si vous en possédez encore quelques pots !). Si les carreaux sont émaillés, on peut jouer à fond la carte de la brillance avec une laque qui habillera aussi bien les murs que le plafond : effet glamour garanti ! Si on a opté pour de la pierre naturelle, une peinture satinée sera plus harmonieuse.
Pour le choix des couleurs, tout dépend du carrelage. Avec des matières naturelles (pierre claire, galet, ardoise, etc.), on préfère la simplicité avec des tons neutres et chaleureux (blanc, blanc cassé, beige, chocolat [par petites touches], mastic, gris, etc.). Pour les carrelages émaillés, tout dépend de leur couleur, mais si vous avez opté pour des tons vifs et multiples, osez les décliner sur les murs.
Une astuce : pour être sûr d'obtenir la bonne couleur, apportez un carreau dans votre magasin de bricolage et demandez au vendeur de vous réaliser une peinture exactement de la même teinte ; cette opération ne revient pratiquement pas plus cher qu'un pot de peinture normal.

Des trucs à savoir

- Si le carrelage est déjà posé avant que vous ne commenciez la peinture, mettez tout simplement du scotch de peintre en larges bandes. Si néanmoins des coulures de peinture l'ont sali, il suffira de le gratter avec la lame d'un cutter. Faites très doucement, car vous risqueriez de rayer l'émail de manière irrémédiable.
- Épongez régulièrement l'eau qui stagne sur les baignoires ou près des joints, vous éviterez ainsi les problèmes d'infiltration.
- Évitez le plus possible les décors ou les porte-serviettes autocollants ou à ventouses, car ils ont toujours beaucoup de mal à tenir dans ces atmosphères humides.
- Mieux la pièce sera chauffée, moins les risques d'humidité se présenteront. Pensez-y !
- Pour des murs chaleureux, installez des lambris, puis peignez-les dans la couleur de votre choix avec une peinture adaptée.
- Il existe sur le marché des peintures anticondensation, vraiment idéales pour les pièces humides. Elles contiennent des microbilles de verre qui évitent à la vapeur d'eau de se transformer en gouttelettes, dont la stagnation accélère la formation de moisissures ou de cloques. Elles sont très résistantes et lavables ; pensez à vous renseigner.

PEINTURE ÉCAILLÉE : CAUSES ET SOLUTIONS

Par définition, les pièces d'eau sont très humides et même si elle a été bien posée, la peinture s'y craquelle souvent. C'est le cas des zones les plus exposées, comme le dessus et le tour de la baignoire. Il existe cependant quelques solutions.

L'une des choses les plus importantes est de penser à bien aérer la pièce. Vous pouvez ainsi installer un extracteur d'air près de la douche ou laisser la porte entrouverte quand il y a vraiment beaucoup de vapeur. Si la salle de bains possède une fenêtre, ouvrez-la au moins une fois par jour pendant quelques minutes (et toute la journée en été) afin de faire circuler l'air et d'assécher l'atmosphère. Pour des raisons souvent économiques, on ne recouvre pas de carrelage la totalité des murs entourant la baignoire, préférant une solution mi-carrelage, mi-peinture. Malheureusement, on n'est jamais à l'abri de quelques éclaboussures (surtout si on prend des douches) et leur multiplication crée des décollements qui s'humidifient à leur tour et soulèvent de plus en plus la peinture.

Lorsque celle-ci est vraiment trop écaillée, il faut la gratter complètement, attendre que le mur soit bien sec (ce qui peut demander plusieurs jours, voire des semaines selon les cas), puis le repeindre.

Un conseil : si vous refaites votre salle de bains, n'hésitez pas à acheter quelques mètres carrés de carreaux supplémentaires et à en tapisser tous les murs proches des points d'eau vous éviterez ces problèmes.

Un peu d'efforts, beaucoup d'effet !

Si vous en avez assez des murs lisses et monotones, n'hésitez plus et lancez-vous dans les peintures à effets. De plus en plus faciles à appliquer, elles vous permettent de créer en un clin d'œil un fini taloché, granité, sablé, moucheté ou ciré qui ne passera pas inaperçu. Avantage sympa, elles se posent sur des murs qui ont un peu vécu et qui n'ont donc pas besoin d'arborer l'aspect lisse et parfait indispensable pour une peinture classique. Vous n'aurez plus qu'à choisir les nuances et les textures que vous préférez. Pour une ambiance orientale jouez l'effet tadelakt couleur safran ou terracota et vous obtiendrez un joli satiné. Pour un relief plus marqué, alternez talochage et cire teintée. Si vous préférez un fini velours satiné, optez pour de la chaux... Toutes les combinaisons sont possibles, il suffit d'employer les matériaux et les outils adéquats. Pour ne pas vous tromper, rendez-vous dans une grande surface de bricolage et demandez conseil à un vendeur. Il vous indiquera tout ce que vous devrez acheter et les gestes à maîtriser pour bien réussir votre décor.

À noter : certaines de ces peintures peuvent même se retirer à la décolleuse à papier peint ; si vous vous en lassez, vous aurez moins de scrupules à en changer.

Lavabos et baignoires

Comme pour les autres pièces de la maison, vous devez choisir le style de la salle de bains qui vous ressemble. Mieux vous vous y sentirez, plus vous aurez de chances de commencer la journée du bon pied ! On va vous aider à trouver votre style !

L'ambiance générale de la salle de bains est vraiment déterminante pour commencer la journée du bon pied ! Profitez-en pour en faire un endroit où vous pourrez vous chouchouter !

Votre style

Une déco qui vous ressemble

Même si vous ne devez pas négliger son côté pratique, il faut vraiment que vous décoriez la salle de bains à votre image. C'est grâce à ça que vous vous y sentirez bien !

Lavabos : vive les petits nouveaux !

Difficile de ne pas se laisser séduire tant on adore leur petit côté gai et original... Les vasques et autres lavabos carrés à poser, aujourd'hui accessibles, ont révolutionné la déco de salle de bains.

Il faut dire que les lavabos sur pied avaient fait leur temps ; quant aux vasques à encastrer, elles imposaient à leurs propriétaires quelques heures d'un délicat bricolage.

Désormais, il suffit de poser ces petits nouveaux sur le plan de travail après avoir fait un simple trou pour l'évacuation, et c'est fini ! De plus, avec leur bouille toute ronde ou leur aspect un peu pataud, ces lavabos donnent tout de suite un petit air sympa à la pièce.

Vendus seuls ou associés à un meuble, leur prix est sensiblement le même que celui de leurs homologues classiques. Cela serait vraiment dommage de vous en priver.

Les meubles

Des trucs à savoir

- Si vous possédez une salle de bains avec une fenêtre, placez une plante sur le plan de travail ou sur une étagère. Faites attention néanmoins à bien la choisir, car elle ne doit pas redouter les ambiances humides.
- Évitez les miroirs trop petits dans lesquels vous aurez du mal à bien vous voir. Privilégiez les tailles généreuses et, si possible, placez-les de sorte qu'ils reflètent un endroit joli de la pièce : s'ils renvoient, par exemple, l'image d'une étagère encombrée de produits mal rangés, ce n'est vraiment pas agréable, ni pour l'œil ni pour le moral.
- Les vasques en verre ou en inox sont beaucoup plus fragiles que celles en émail. À éviter si vous avez des enfants !
- Préférez les mitigeurs aux robinets eau chaude/eau froide ; vous obtiendrez plus vite la température souhaitée et pourrez la moduler plus facilement.
- Si vous pouvez changer les radiateurs, remplacez-les par des sèche-serviettes muraux. C'est top de se lover dans des draps de bain tout chauds !

UNE BALNÉO À LA MAISON

Vous êtes un fanatique des douches, car elles vous réveillent vraiment efficacement… Vous ne jurez que par les bains, seuls capables de vous détendre après une dure journée de travail… et rêvez d'une balnéo maison. Pas de problème, tout est seulement question de place.

Si la taille de votre salle de bains vous le permet, vous pouvez réaliser une douche à côté de la baignoire. Selon vos moyens, elle pourra être agrémentée de jets directionnels massants ou dynamisants : le luxe intégral (il existe également des cabines balnéo toutes faites et faciles à installer).

Si votre salle de bains est petite ou que votre budget est limité, la douche dans la baignoire est une option tout à fait satisfaisante.

Il existe des modèles de pommes qui vous offriront presque autant de sensations que dans une cabine séparée.

Faites le tour des magasins, vous serez surpris par toutes les possibilités qui s'offrent à vous. Ensuite, tout est question de goût et de budget.

Et si vous en avez vraiment les moyens, choisissez un modèle de baignoire possédant toutes les options de balnéo.

Cerise sur le gâteau, vous pourrez également prendre des bains bouillonnants dans une baignoire éclairée par des petites lampes situées sur ses flancs ! Pour vous offrir ces plaisirs incomparables, vous serez malheureusement obligé de débourser de 650 à plus de 3 000 €.

Version romantique

Si vous désirez donner à votre salle de bains des faux airs de boudoir, commencez par repeindre les murs dans des teintes douces (rose poudré, vert pâle, blanc cassé, etc.). Placez ensuite au-dessus du lavabo un grand miroir vénitien (s'il est un peu piqué à l'ancienne, c'est encore mieux). Encadrez-le de deux appliques à pampilles de verre, changez le plafonnier pour un lustre en cristal (du simple verre fera le même effet !) et placez dans un coin un siège ancien (un petit fauteuil Louis XV, par exemple). Pour parfaire l'ambiance, ajoutez une tenture à l'extérieur du rideau de douche, que vous ferez descendre au ras du sol. Si vous trouvez un rideau à nouettes, accrochez-les sur la tringle maintenant le rideau de douche. Sinon ajoutez une belle tringle à côté de la première et fixez-y le rideau de la manière que vous voulez (œillets, passants, pinces…). Bien sûr, conservez le rideau en plastique derrière votre tenture, il la protégera des projections d'eau ! Préférez les matières nobles, comme le velours, ou optez pour du lin brut. Si le siège peut être recouvert du même tissu, on frôle la perfection. Offrez-vous un peignoir et des serviettes moelleuses assortis aux tons de la pièce… et laissez parler la princesse qui est en vous !

Le rangement

Vous en avez assez d'enjamber le linge pour rentrer dans la salle de bains, de vous essuyer avec des serviettes humides… Suivez nos astuces de rangement.

De l'ordre !

Des options simples

Afin de privilégier l'atmosphère calme du lieu, mieux vaut ne pas encombrer les murs d'étagères hautes ou d'armoires de toilette. Dans la mesure du possible, installez des rangements sous le lavabo ou à côté.

L'idéal : un meuble muni de portes sur lequel repose un plan de travail, lui-même surmonté d'une jolie vasque. Vous pourrez ainsi camoufler tous les produits disgracieux dans le placard (qui servira lui-même à cacher les écoulements d'eau) et poser sur le plan de travail uniquement les flacons de parfum et quelques bocaux remplis de coton ou de divers objets dont vous avez souvent besoin.

Autre option : installez deux ou trois jolies étagères en bois sombre ou laquées blanches ou noires selon la couleur de votre salle de bains sur lesquelles vous placerez une série de paniers (en acier ou en paille, selon la déco) dans lesquels vous rangerez toutes vos affaires. Pensez également aux bancs qui peuvent bien sûr servir de siège, mais qui sont souvent munis d'une étagère vous permettant de stocker les serviettes, par exemple.

Et plutôt que de laisser traîner vos peignoirs qui auront du mal à sécher, prévoyez une série de patères ou, si vous avez la place, un joli portemanteau.

Une échelle en bambou

Pour changer un peu des sempiternels porte-serviettes, achetez plutôt une jolie échelle en bambou.

Non seulement vous y déposerez davantage de linge, mais vous pourrez aussi la changer de place à votre guise selon l'endroit où vous êtes.

Disponible dans des bois naturels ou teintés en sombre, cette échelle trouvera plus particulièrement sa place dans des décors épurés ou exotiques.

Les meubles

Des trucs à savoir

- Nettoyez à fond votre salle de bains une fois par semaine ! Préférez les supports en acier ou en plastique à accrocher à la tuyauterie et qui permettent à l'eau de bien s'écouler, en lui évitant de stagner.

- Ne faites pas l'impasse sur le porte-savon et les gobelets qui doivent, eux aussi, être en harmonie avec le reste de la déco.
- Choisissez la panière à linge en fonction du reste de la déco. Dans une ambiance naturelle, optez pour un grand panier en osier muni d'un couvercle ; dans une atmosphère plus moderne, prenez plutôt un panier composé de cercles d'acier, monté sur roulettes et tapissé de toile de coton écru… Si, dans l'idéal, vous pouvez la cacher, n'importe quel modèle fera l'affaire. Voir aussi page 137 pour d'autres détails.
- Si vous ne pouvez pas ranger les médicaments dans la salle de bains hors de la portée des enfants, trouvez-leur une autre place, plus sûre.

LES PRODUITS À L'HONNEUR

Les meubles de salle de bains débordent souvent de tous ces produits qui nous sont absolument indispensables ! Blushs, pinceaux, crayons, crèmes en tout genre, jolis savons et autres cotons démaquillants sont autant d'objets que l'on a toujours besoin d'avoir à portée de mains.

Plutôt que de les laisser en vrac dans les placards ou les tiroirs, trouvez-leur des contenants dignes de leur importance.

- ***Les bocaux.*** Ils sont sympas pour abriter le coton, les fards à paupières ou les blushs. En fonction de l'esthétique des produits qu'ils contiennent, choisissez-les transparents ou opaques.
- ***Les pots.*** Réservez-les aux crayons, aux pinceaux et aux brosses à dents (un pour chaque famille de produits, bien sûr).

Si vous avez de la place, laissez les bocaux et les pots sur le plan de travail ou sur l'étagère au-dessus du lavabo. Choisissez-les évidemment toujours en fonction de l'ambiance de la pièce. Par exemple, un bocal transparent avec un couvercle alu dans une salle de bains design, des pots en céramique blanche dans une déco zen, du plastique coloré pour un style pop et acidulé…

- ***Les boîtes.*** Pour ranger vos produits un peu plus encombrants (gros tubes de crème, mouchoirs ou produits d'hygiène divers), pensez aux boîtes. Vous aurez certainement un peu de mal à les entreposer à côté du lavabo, mais elles trouveront très bien leur place sur une étagère annexe. Vous pouvez également les empiler dans un coin de la pièce.

Les grandes enseignes de déco rivalisent d'imagination pour proposer des modèles originaux et déco. Un conseil : mieux vaut des boîtes en inox ou acier coloré (ou non), elles sont plus solides que les boîtes en carton imperméable.

- ***Les paniers.*** En osier ou en plastique, doublés de tissu ou pas, de taille mini ou maxi, à vous de choisir en fonction de ce que vous allez mettre dedans. Les petits seront top pour le maquillage, tandis que les grands seront plutôt destinés à ranger du linge. Voir aussi les paniers à linge, page 137.

Les meubles à roulettes

Lorsque l'on ne dispose pas de beaucoup de place, il est parfois difficile de trouver un endroit où ranger ses produits. Afin d'obtenir une surface de rangement intéressante tout en l'ayant toujours sous la main, choisissez un meuble à roulettes. En bois clair ou sombre, alu, chromé ou noir… vous avez le choix !

Si vous aimez bien voir vos produits et – surtout – si vous êtes parfaitement ordonné, prenez un modèle composé d'un simple plateau et d'une étagère. Si vous n'êtes pas un champion du rangement, mieux vaut choisir un meuble muni d'un tiroir et d'une porte derrière lesquels vos produits se feront beaucoup plus discrets. Et pour prendre un peu de repos entre deux ablutions, il existe un petit cube de rangement dont le rabat, surmonté d'un coussin, sert de tabouret…

Selon les formes et les matières, les prix varient de 150 à plusieurs centaines d'euros, mais si vous avez l'âme bricoleuse, n'hésitez pas à en réaliser un vous-même !

Des choix multiples

Il y a encore quelques années, la sélection d'un revêtement de salle de bains relevait du défi, car l'offre de milieu de gamme restait relativement limitée. Grâce à l'émergence de nouvelles matières et à la démocratisation de certains matériaux nobles, le choix est désormais presque illimité. Tout est question de style !

Le parquet, c'est vraiment un revêtement hyperchaleureux dans une salle de bains. On en trouve aujourd'hui à des prix très abordables, renseignez-vous !

À vous de voir

Carrelage, jouez sur les nuances

Unis ou à motifs, les carrelages pour sol se déclinent désormais sur tous les tons et dans les matières les plus diverses. Pour ne pas vous tromper, misez sur les grands classiques ou optez pour un style rétro au charme fou.

- Esthétique et indémodable, la pierre naturelle est le matériau des salles de bains chaleureuses. Si les dalles en pierre massive restent chères, on en trouve en pierre reconstituée qui, à l'œil, s'en rapprochent beaucoup, pour un coût bien moins élevé (à partir de 45 € le m^2).
- Le marbre s'est aussi largement démocratisé. Sa version blanche ou corail est un peu démodée, mais on trouve aujourd'hui du marbre vieilli dont la teinte beige chic et la surface à l'aspect « vécu » se marieront à toutes les ambiances ; comptez environ 50 € le m^2.
- Très mode, les carreaux de ciment ont fait un un come-back en déco. Ils sont en fait composés d'un mélange de ciment, de sable et de poudre de marbre. Unis ou fantaisie, ils permettent de créer de nombreux décors et prennent une très jolie patine au fil des ans. Les prix varient de 40 à plus de 100 € le m^2, selon les motifs.
- Grand classique, le grès cérame (mélange d'argiles dont l'aspect varie selon sa fabrication) se décline désormais dans toutes les couleurs. On en trouve de belles imitations de pierre ou d'ardoise pour un prix raisonnable : à partir de 20 € le m^2 et jusqu'à 90 €, s'il est émaillé artisanalement.
- Le top tendance au sol est bien sûr le béton ciré. Il prend des nuances et des couleurs à l'infini et offre une grande résistance en étant très esthétique. De nombreuses sociétés proposent de venir le poser à des prix très raisonnables (voir page 91).
- Pour vous apporter une ambiance naturelle et pleine de douceur, les galets s'exportent désormais de la plage à la ville. À poser au sol ou sur les murs, en touches discrètes ou total look, ils se présentent collés sur des bandes ou des plaques en filets. Attention, leur pose demande un certain doigté ! En ce qui concerne leur prix, il faut compter environ 40 € le m^2, mais là encore, n'hésitez pas à comparer les offres.

Les sols

Des trucs à savoir

- Si vous voulez changer la couleur d'un carrelage sans le retirer, vous pouvez le peindre. Attention : il faut impérativement appliquer une sous-couche adéquate et utiliser une peinture spécifiquement prévue à cet effet (magasins de bricolage). Mais si vous respectez bien les diverses étapes, votre peinture tiendra sans problème.
- N'hésitez pas à comparer les prix entre plusieurs enseignes avant de passer votre commande de carrelage car, pour un même produit, on trouve des différences significatives !
- Tous les carrelages un peu poreux (pierre naturelle, marbre, ciment) ont absolument besoin d'être imperméabilisés et traités contre les taches.
- Certains carrelages sont traités pour être antidérapants, mais vous pouvez également appliquer vous-même un traitement qui crée une rugosité sur l'email; n'hésitez pas à vous renseigner.

LE PARQUET, UNE OPTION CHIC

Jusqu'à récemment, les seuls parquets que l'on pouvait espérer poser sans souci dans sa salle de bains étaient en bois exotique. En effet, très solides et imputrescibles (c'est-à-dire résistants aux moisissures, courantes dans les ambiances humides), ils constituaient une alternative chaleureuse au carrelage, somme toute un peu froid. Seul bémol, leur prix très élevé réservait leur usage à quelques privilégiés. Pour pallier ce problème, les professionnels du bois ont mis au point une technique, la rétification, qui garantit l'imputrescibilité de tous les bois massifs européens. Résultat : une offre élargie et des prix plus abordables, dans une large gamme de teintes.

À savoir : si vous optez pour du parquet, mieux vaut faire appel à un pro, car si vous ne voulez pas voir votre sol gondoler sous l'excès d'humidité, les joints doivent être particulièrement étanches. De plus, même s'il est traité, le bois nécessite une finition adaptée à la pièce (vitrification ou huile protectrice), parfois difficile à poser par un non-professionnel.

Des revêtements high-tech

Le lino (ou « sol PVC » pour les puristes !) fait son come-back !

Comme le papier peint, le lino a souffert pendant des années de sa réputation de « vieux ringard » ! Terminé ! Aujourd'hui, de nombreuses enseignes proposent des linos de designers, top tendance et dans des motifs et des couleurs qui vous séduiront ! En plus, c'est facile d'entretien, idéal pour une salle de bains et peu onéreux ! Que demander de plus ?

On trouve aussi des moquettes réalisées en plastique tressé. Très semblables aux moquettes faites en fibres végétales (sisal, notamment), dont elles arborent sensiblement les mêmes couleurs (naturel, gris et noir), elles conviennent parfaitement aux pièces humides. Très faciles à entretenir, elles constituent une parfaite alternative au sempiternel carrelage et permettent, pour un coût assez modique (environ 40 € le m^2), de relooker le sol de la salle de bains en un clin d'œil.

Rideaux et pare-douches

Pour éviter de transformer votre salle de bains en piscine après la douche, faites l'acquisition d'un rideau ou d'un pare-douche. Suivez nos conseils pour mieux les choisir.

Si vous ne voulez pas que le plaisir de la douche se transforme en cauchemar de la serpillère, installez un rideau de douche ! Pour bien le choisir, suivez simplement nos conseils.

Le pare-douche

Indispensable !

Le fait d'opter pour un rideau ou un pare-douche est souvent une question de budget, mais quelques euros supplémentaires vous permettront d'éviter bien des désagréments. En effet, l'efficacité et le confort offerts par le pare-douche sont incomparables. Les prix dépendent de la forme et des matériaux, mais des promotions sont régulièrement proposées dans les grandes enseignes de bricolage.

• ***Les parois en verre Sécurit®.*** En cas de casse, le verre se fragmente (comme un pare-brise), ce qui évite les arêtes vives, extrêmement dangereuses. Autre avantage, le verre permet d'obtenir une grande variété de styles allant de la transparence totale jusqu'à l'opacité complète, en passant par des parois granitées et des effets sérigraphiés ou colorés. Généralement de 3 mm, l'épaisseur du verre peut atteindre 8 mm dans les modèles haut de gamme. Les prix varient de 150 à plus de 1 300 €.

• ***Les parois en acrylique.*** Elles sont plus légères et un peu moins chères que les parois en verre. En revanche, elles n'existent qu'en version opaque ou granitée, et sont moins résistantes que les parois en verre. Elles restent néanmoins plus efficaces et plus esthétiques qu'un rideau en plastique. Comptez de 150 à 500 €.

• ***Les montants.*** Les montants sont en aluminium, que la paroi soit en verre ou en acrylique. Souvent réalisés en laque blanche, ils existent aussi en version alu ou chromée afin de les assortir à la robinetterie.

Les rideaux

Des trucs à savoir

- Si vous possédez des rideaux de douche en textile synthétique, passez-les à la machine (à 40 °C) au moins une fois par mois afin d'éviter le développement des bactéries responsables des moisissures et autres traces noirâtres. Pour les rideaux en plastique, un simple rinçage à l'eau chaude après la douche évitera ce désagrément.
- Nettoyez régulièrement les rideaux en plastique afin de ne pas laisser s'installer les traces de calcaire disgracieuses.
- Pour éviter tout problème – voire un accident ! –, achetez plutôt des pare-douches estampillés CE (Communauté européenne). Vous serez sûr qu'ils ont passé tous les tests de solidité, d'endurance et de sécurité.
- Si votre carrelage est joli et si vous ne craignez pas les regards, jouez à fond la transparence avec des parois lisses ou des rideaux dépourvus de motifs.
- Pour que le rideau ne laisse pas passer l'eau, appliquez-le contre le mur et mouillez-le à l'aide de la pomme de douche, il adhérera mieux aux parois.
- Si vous n'avez pas les moyens (ou l'envie) d'installer un pare-douche, vous pouvez toujours avoir recours au bon vieux rideau (voir encadré ci-contre).

UN PARE-DOUCHE : OUI, MAIS LEQUEL ?

Une fois le matériau choisi, vous n'avez plus qu'à déterminer le modèle dont vous avez besoin, selon la forme que vous devez habiller.

Le bac à douche. Si le bac est entouré de trois murs, vous pouvez le fermer avec une porte battante, pivotante ou coulissante. S'il n'est adossé qu'à deux murs formant un angle, vous pouvez associer une paroi en verre fixe et une porte battante ou coulissante, ou installer deux panneaux coulissants qui offriront une plus grande ouverture.

La baignoire. Un simple montant fixe ou pivotant suffit s'il laisse assez de place pour sortir. Sinon, optez pour une paroi coulissante. Comptez environ 200 € pour un bon produit. Si la forme de votre douche ou de votre baignoire est vraiment particulière, faites réaliser des parois sur mesure, mais leur coût sera bien plus élevé que celui d'un modèle standard.

Dans tous les cas, prenez les mesures exactes de votre salle de bains avant de vous rendre en magasin, et demandez systématiquement conseil aux vendeurs spécialisés. Ils vous seront d'une aide précieuse non seulement pour le choix du modèle, mais aussi pour sa pose.

Les rideaux fantaisie

En tissu imperméabilisé ou en plastique, la gamme des modèles est désormais tellement vaste que vous en trouverez forcément un qui s'harmonisera parfaitement à votre décor.

Dans une ambiance épurée, choisissez plutôt un modèle uni, en tissu imperméable, qui offre un plus joli tombé. Si vous préférez la nature, piochez dans les motifs végétaux. Si vous avez un faible pour les éléments graphiques et contemporains, jouez à fond les damiers ou les gros cercles colorés. Et pour les ambiances high-tech, offrez-vous un rideau imitant de longues bandes métalliques… Bref, pour des prix variant de 20 à 45 €, vous pouvez vous exprimer !

Mission bonne mine

Même si la salle de bains est une pièce souvent petite (moins de 10 m^2 en moyenne), elle a besoin d'un éclairage bien dirigé et, surtout, flatteur ! Malheureusement, les contraintes liées à la sécurité ne permettent pas toutes les fantaisies.

Zappez les lumières glauques et tristounes ! Investissez dans un éclairage efficace et commencez la journée au top de votre forme !

Les bons choix

Une lampe pour chaque usage

Il existe de nombreux modèles qui vous donneront bonne mine, en toute sérénité. Il suffit simplement de faire les bons choix !

Quand la lumière s'invite dans l'eau

Une eau délicatement bleutée frôle vos épaules, et vous voilà transporté dans le lagon de vos rêves… ou peut-être préférez-vous un jet rose ultradynamisant ? Pas de problème, la chromothérapie est votre nouvelle alliée des matins difficiles. Cette tendance, fondée sur les propriétés bénéfiques de la lumière, commence à investir nos salles de bains.

Les jets d'eau colorés (grâce à des fibres optiques) restent tout de même un must réservé à quelques privilégiés, car leur prix est encore assez élevé (environ 1 500 €). Vous pourrez néanmoins vous consoler avec les lavabos éclairés par un système halogène, à choisir, selon votre humeur du jour, en vert, rose ou rouge (environ 200 €).

L'éclairage

Des trucs à savoir

- Pour moduler l'éclairage en fonction de vos désirs (doux ou très vif), installez un variateur de lumière et jouez-en à votre guise.

- Pour une salle de bains vraiment lumineuse, installez un faux plafond et encastrez-y une série de spots. Chic et sobre, cet éclairage est également très efficace.
- Pour une ambiance ultrachic, osez le lustre à pampilles (voir page 25).

AU-DESSUS DU MIROIR…

Dans une salle de bains, les éclairages venant de trop haut ont une fâcheuse tendance à accentuer les cernes, et ceux venant du bas, à empâter le visage… Pour partir du bon pied et, surtout, de bonne humeur, le choix de l'éclairage est donc vraiment crucial.

• Les spots dirigeables présentent l'avantage de pouvoir être orientés de sorte que la lumière soit la plus flatteuse possible.

• Privilégiez aussi les éclairages de face, notamment ceux distribués par des petites ampoules installées sur des rampes : effet star garanti ! Attention, le miroir renvoie 90 % de la lumière. Pour éviter d'être ébloui, choisissez des ampoules dont la face supérieure est recouverte d'une calotte argentée.

Un maître mot : la sécurité !

Vérifiez systématiquement que les lampes que vous avez choisies conviennent bien aux pièces d'eau et répondent ainsi à toutes les normes de sécurité indispensables. Leur emplacement ne doit pas non plus être décidé à la légère : il convient, en effet, de ne pas placer de source électrique à moins de 60 cm d'un point d'eau. C'est certes un peu contraignant, mais pas insurmontable, et la sécurité est à ce prix !

Que vous soyez un pro des fourneaux ou que vous ne passiez dans la cuisine qu'en coup de vent, cette pièce doit être à la fois fonctionnelle et agréable à vivre.

Moderne pour les urbains, plus bucolique pour les amoureux de la nature, ultratechnique pour les chefs en herbe… à vous de décider le tournant que vous allez lui faire prendre ! Et contrairement à ce que vous pourriez penser, quelques modifications simples, rapides et peu onéreuses suffiront à métamorphoser ce lieu banal en véritable pièce à vivre. Pas de panique : on vous aide !

La cuisine

Vous sentez bien que quelque chose cloche… Quelques solutions simples et tout ira mieux !

- **Les murs.** La peinture coquille d'œuf a eu son heure de gloire, mais ce temps est révolu. C'est peut-être le moment de renouveler le carrelage en grès au-dessus de l'évier !
- **Les meubles.** Les portes en bois verni allaient bien avec le carrelage, mais comme lui, elles vont disparaître. Heureusement, leurs dimensions sont standard : elles vont donc pouvoir être remplacées sans problème. La table en pin et ses chaises s'intégraient très bien à cette cuisine, mais elles ont quand même pris un petit coup de vieux; elles pourront toujours être repeintes et mises dans une autre pièce. Le réfrigérateur ne peut pas être déplacé (prise et taille obligent), mais on pourra facilement le camoufler. Le plan de travail est en stratifié blanc et a subi quelques chocs, mais comme il n'est pas très grand, on pourra le changer à moindres frais. Il faudra aussi trouver une solution pour tous les ustensiles et autres rouleaux de papier qui l'encombrent.
- **Les sols.** Des carreaux blancs, chics et sobres : aucun problème, ils sont parfaits.
- **Les rideaux.** Les voilages blancs ne déparaient pas dans cette ambiance un peu rustique, mais ils sont très salissants et n'iraient plus dans votre nouveau décor.
- **L'éclairage.** Vous n'avez pas trouvé de luminaires pour habiller le dessus du plan de travail et ce sont toujours les deux mêmes ampoules nues qui vous servent d'éclairage… Pour apporter quand même un peu plus de lumière, vous allumez également le plafonnier, constitué d'un petit abat-jour beige pendu au bout d'un fil.

Les murs

Un bon coup de blanc s'impose. Sur le mur de droite en entrant, on va délimiter un grand rectangle – de la largeur de l'étagère et qui s'arrêtera à environ 20 cm du plafond – sur lequel on passera de la peinture pour tableaux. Afin d'apporter une touche de couleur dans cette cuisine qui sera à dominante blanche, on a choisi du framboise. Les carreaux en grès sont masqués par une plaque en aluminium brossé très tendance.

Les meubles

Impossible de modifier toute la structure sans rentrer dans de grosses dépenses. On va donc juste changer les portes des placards en bois par des portes blanches et ajouter des poignées en alu. Si cela est possible, on peut également habiller la porte du lave-vaisselle de la même manière, ce qui donne une unité vraiment plus flatteuse. Les montants sont repeints en blanc, comme les murs. Pour un vrai coup de neuf, il faut aussi changer le

Budget D&CO

- portes 150 € environ
- plan de travail 50 € environ
- accessoires de cuisine 30 € env. • pots 5 à 10 €
- table 340 € • tabourets à partir de 22 € pièce • étagère 10 €
- spots de 20 à 50 €
- planche en stratifié blanc 50 € environ
- store vénitien 50 €
- rideau 20 € • filin 15 €

Tous les prix sont donnés à titre indicatif.

Avant / Après

Après

plan de travail ; on a opté pour du chêne massif huilé afin de casser le côté un peu froid de l'alu et du blanc. Au-dessus de l'évier se trouve désormais une longue barre pouvant accueillir le rouleau d'aluminium, le papier absorbant et quelques ustensiles. On a aussi ajouté plusieurs pots hermétiques transparents avec un couvercle en alu, remplis d'ingrédients couramment utilisés (gros sel, sucre, etc.) ainsi que de quelques bonbons pour leurs jolies couleurs. En ce qui concerne la table, on a opté pour une forme ronde autour de laquelle on peut facilement s'asseoir à quatre. Afin d'apporter un peu de luminosité, son plateau est en stratifié blanc et repose sur un pied central chromé. Dessous, on a glissé quatre tabourets tam-tam blancs qui ont l'avantage d'être très bon marché et particulièrement discrets. À la base du rectangle peint en framboise, on a fixé une étagère blanche qui pourra accueillir des paniers contenant le courrier, les clés... et quelques craies pour les messages. En dessous ont été glissées deux vieilles caisses à bouteilles pour ranger ces dernières. Pour séparer et masquer le réfrigérateur, on a fait découper sur mesure une planche de stratifié blanc de la largeur du plan de travail et de la hauteur du mur ; elle a été fixée à l'aide d'angles prévus à cet effet. Puis on a surmonté le frigo d'une étagère qui servira de rangement supplémentaire dans cette petite cuisine.

Les sols

Un nettoyage en profondeur des joints, et le tour est joué !

Les rideaux

Le voilage a été remplacé par un store vénitien. Le bois a été choisi pour son look chaleureux ; sa teinte doit s'approcher au plus près de celle du plan de travail. Pour masquer le réfrigérateur, on a installé un rideau blanc à gros œillets, tendu sur un filin d'acier situé au ras du plafond.

L'éclairage

Les ampoules nues ont laissé leur place à deux rampes de deux spots qui éclairent parfaitement le plan de travail. À la place du plafonnier, on a installé une rampe de trois spots dont deux sont dirigés vers la table, et un vers le mur peint à la peinture pour tableaux.

Peinture et revêtements

Lorsque l'on emménage dans une maison ou un appartement, on n'a pas toujours la possibilité de refaire les carrelages muraux, car cela demande du temps et de l'argent. Il existe cependant un moyen de leur redonner belle allure facilement et sans dépenser trop d'argent : on peut les repeindre !!!

L'alu brossé

Très tendance, l'aluminium brossé est le matériau idéal pour faire disparaître ces carreaux dont vous ne voulez plus. Disponible sous forme de rouleaux dans lesquels on découpe la taille désirée à l'aide de pinces spéciales, il se vend généralement au mètre et existe en plusieurs largeurs. Une fois que l'on dispose d'une plaque de la bonne taille, il suffit de la coller avec de l'adhésif double face très résistant (si vous ne voulez pas abîmer le carrelage de dessous) ou à l'aide d'une colle spéciale (mais le carrelage sera définitivement fichu). Les cuisinistes proposent également des modèles prêts à l'emploi spécialement étudiés pour habiller leurs meubles.
On trouve également ce revêtement en version moins épaisse, sous forme de rouleaux adhésifs. Il suffit alors d'ôter la couche protectrice, de coller l'adhésif directement sur le carrelage et d'ajuster ses dimensions à l'aide d'un cutter. Seul inconvénient, du fait de sa finesse et de son manque de rigidité, l'adhésif peut laisser apparaître le relief et la marque des joints des anciens carreaux. Vous pouvez également utiliser ce matériau pour recouvrir un plan de travail ou une petite table.

Matières et couleurs

Des murs nickel

La cuisine est l'une des pièces qui se salit le plus ! Sans tomber dans l'excès, le fait de lui donner une nouvelle jeunesse passe néanmoins par un grand nettoyage, puis un bon coup de peinture.
Ensuite, le choix des couleurs doit se faire en fonction du style des meubles et du sol. On privilégie généralement des teintes claires (blanc, blanc cassé, beige, etc.), mais qui pourront être réveillées par des touches de couleur.
Privilégiez les tons chauds ou acidulés (rouge, orange, framboise, vert pétant, turquoise), mais évitez le bleu électrique ou les couleurs trop froides (vert canard, gris foncé, etc.) qui ôtent à la pièce sa convivialité.
Dans le choix des peintures, préférez une acrylique satinée garantie lessivable.

Options déco

- Pour un esprit champêtre, recouvrez les murs de lambris, mais préférez une lasure blanche pour ne pas tasser la pièce.
- Pour donner du cachet à la cuisine, peignez le bas des murs (jusqu'à la hauteur des meubles) d'une couleur tranchée et soulignez-la d'une bande dans les mêmes tons (mais plus sombre) ou dans une teinte totalement différente (par exemple, murs blanc cassé, bas mastic et bande kaki ou murs blancs, bas gris pâle et bande rouge carmin).

Les murs

Des trucs à savoir

- La partie située au-dessus de l'évier et de la plaque de cuisson s'appelle la crédence. Pour éliminer les éclaboussures d'eau et de graisse, elle doit être dans un revêtement facilement lavable. Vous comprendrez pourquoi elle est réalisée en carrelage. Depuis quelques années, on en trouve en alu brossé, mais si cette matière convient bien aux cuisines modernes, elle s'adapte mal à un décor classique. Il en existe aussi en stratifié qui imite à merveille plein de matières et offre une gamme de couleur top ! En plus, le stratifié coûte moins cher !

À savoir : on nomme également crédence la barre métallique sur laquelle viennent s'accrocher les accessoires tels que les louches, les fouets ou les rouleaux de papier absorbant.

- N'hésitez pas à décorer les murs de jolis tableaux ou de gravures ; choisissez-les toujours dans le style de la pièce et ne négligez pas leur encadrement qui doit, lui aussi, bien se fondre dans le décor.

ESPRIT RÉCUP'

Vous désirez habiller le dessus de l'évier ou l'un de vos murs de manière originale ? Créez une mosaïque ! Pour cela, récupérez des vieux carreaux (ceux qui ont servi pour la cuisine ou d'autres), coupez-les dans des formes et des tailles différentes à l'aide de pinces spéciales (en vous couvrant impérativement les yeux de grosses lunettes en plastique) et délimitez la zone à décorer. Ensuite, à l'aide de mortier colle ou d'une colle en pâte blanche spéciale (magasins de bricolage ou rayons de loisirs créatifs), assemblez les divers morceaux sur le mur en laissant parler votre imagination. Vous obtiendrez un décor unique.

Un conseil : pour bien maîtriser la technique, achetez un ouvrage spécialisé sur la mosaïque. Il vous donnera non seulement tous les conseils indispensables, mais aussi des modèles dont vous pourrez vous inspirer.

La peinture pour tableaux

Liste des courses ou mots d'amour, vous désirez laisser à vos proches des petits messages quotidiens, mais courez toujours après un papier et un crayon… La solution : la peinture pour tableaux. Disponible bien sûr en noir, elle existe également en vert, bleu, rouge ou framboise (comme ci-dessus). Elle se lave d'un simple coup d'éponge.

Pour un effet superdéco, recouvrez-en un mur entier, ou délimitez une zone que vous encadrerez avec des baguettes pour simuler un cadre. Sèche en 24 heures, elle est vendue en pot de 0,5 litre (15 € environ), ce qui permet de couvrir 2 à 3 m². Vous n'avez plus qu'à vous exprimer !

Les portes

Variez les couleurs

Changez vos habitudes

Commencez par jouer la sobriété avec des tons neutres (blanc, bois clair, etc.). Vous pouvez aussi employer une couleur différente pour les meubles hauts et les meubles bas (par exemple, marron foncé et blanc ou noir laqué et blanc laqué). N'hésitez pas non plus à varier les matières et marier des façades en alu brossé à d'autres en blanc satiné ; rajoutez alors quelques éléments en bois (plan de travail, store) pour réchauffer l'atmosphère.

Jouez l'harmonie

N'hésitez pas à laisser parler vos envies et votre imagination, mais pensez toujours aux autres meubles de la pièce, comme la table et les chaises. Inutile de préciser, en effet, que les meubles et les accessoires d'une cuisine sont des éléments déterminants de la déco. Efforcez-vous toujours d'obtenir une belle harmonie générale. Inspirez-vous des ambiances proposées dans les magasins.

Les portes laquées

Pour une cuisine branchée et citadine, jouez à fond la carte de la laque. En total look ou mariée à l'alu brossé, la laque illumine la pièce tout en l'agrandissant.
Prenez soin de lui associer une table et des chaises modernes dans une ambiance générale épurée qui la mettra vraiment en valeur.
Un conseil : évitez quand même le total look et peignez plutôt les murs avec une peinture satinée.

Top tendance, les portes laquées apportent une touche chic et glamour à la plus simple des cuisines, mais si vous préférez des modèles plus classiques, vous avez l'embarras du choix !

Les meubles

Des trucs à savoir

- Les éléments de base d'une cuisine peuvent être assez chers, mais le montant global du mobilier dépend du choix des portes. Avant de vous décider sur un modèle, étudiez donc déjà les prix !
- Si vous ne voulez pas changer les portes, mais désirez tout de même leur apporter un petit coup de neuf, remplacez seulement les poignées.

- Pour limiter les frais, vous pouvez vous contenter de repeindre vos portes. Pour cela, passez d'abord une sous-couche adaptée, puis appliquez la peinture de votre choix.
- Pour donner plus de cachet à l'évier, changez le robinet. Il existe de très nombreux modèles que vous pourrez choisir en fonction du reste de la déco (un peu rétro dans une ambiance champêtre ou muni d'une douchette directionnelle rappelant les modèles professionnels pour une cuisine moderne)... et de votre budget, car les prix varient de quelques dizaines d'euros à plusieurs centaines !

RELOOKING EXPRESS

Pour donner du peps à des portes unies supertristounes, découpez des bandes de différentes largeurs dans de l'adhésif coloré (choisissez évidemment des tons qui vont bien avec votre déco). Il suffit ensuite de les coller en les espaçant à votre idée. Un seul impératif : faites à attention à les mettre bien droites ! Et voilà !

Faites sauter les portes !

Si vous ne supportez vraiment plus les portes de vos placards, enlevez-les... mais pour ne pas laisser leur contenu apparent, fixez une tringle sur la base du plan de travail, sur toute la longueur des meubles, et accrochez-y un rideau (ou le tissu de votre choix). Afin de conserver une certaine légèreté à l'ensemble, choisissez une tringle assez fine et ces petits anneaux munis de pinces destinées à accrocher le tissu. Attention : prenez soin de couper le tissu aux bonnes dimensions (ourlet compris) afin qu'il ne se salisse pas en traînant par terre. Et dès que vous en aurez assez, changez-en !

Vous pouvez également utiliser des rideaux prêts à poser munis de gros anneaux en acier, sur une tringle acier, mais sachez que vous aurez un gros surplus de tissu. Vous pourrez toujours l'utiliser pour faire des coussins pour les sièges de la cuisine !

Le coin repas

Si vous souhaitez une ambiance un peu plus décontractée et sympa, changez votre table contre un bar et des grands tabourets.

Grignoter en toute sérénité

La cuisine prend de l'ampleur

De plus en plus souvent destinées à devenir des pièces à vivre à part entière, les cuisines sont désormais des lieux conviviaux où l'on prend volontiers ses repas.

Bien que la place y soit souvent assez limitée, vous trouverez forcément le moyen de vous y installer pour un agréable moment, seul ou en famille.

?

Choisir une table

Même si l'on n'y prend pas tous ses repas, une table est bien utile dans une cuisine ; quel usage en ferez-vous ?

• La table n'est qu'un appoint.
Uniquement destinée aux petits-déjeuners et aux repas pris sur le pouce, cette table devra être de petite taille, carrée ou ronde selon la place. Pour un charme à l'ancienne, jouez le modèle bistrot avec son pied en fonte et son plateau en marbre ou en bois et optez pour des chaises cannées. Si la cuisine est moderne, prenez plutôt une table carrée assez petite avec, par exemple, un plateau blanc et des pieds alu, et ajoutez des tabourets blancs.

• Vous prenez tous vos repas dans la cuisine. Si vous avez assez de place, prenez une table rectangulaire de taille suffisante pour que chacun y ait ses aises. Si la cuisine est vraiment grande, entourez la table de chaises ou, si vous avez moins de place, d'un banc ou de tabourets. Vous pouvez aussi choisir une forme ronde avec un pied central, très esthétique, qui se mariera fort bien à un décor moderne.

• Si la cuisine n'est pas très grande, il existe des modèles à abattant repliable que vous ouvrirez uniquement lors des repas.

Les meubles

Des trucs à savoir

- Les sets, c'est sympa et pratique ! Pour un entretien facile, optez pour du plastique (en forme de feuille, à motifs bucoliques, décorés de photos…) ; les modèles en tissu (surtout le coton et le lin), lavables, sont plus chaleureux. Évitez cependant les matières telles que le jonc tressé ou le bambou, beaucoup plus difficiles à entretenir.
- Si le revêtement de la table est un peu fragile, doublez la nappe de Bulgomme® qui empêchera les liquides de traverser en créant des auréoles irrécupérables.
- Si votre table ne vous plaît plus, recouvrez-la d'une jolie nappe dans le tissu de votre choix. Pour plus d'originalité, choisissez du tissu au mètre et créez vous-même une nappe personnalisée. Sur votre lancée, faites également des housses de coussin pour les chaises, des torchons et des serviettes assortis. En un mot : ne négligez pas le linge de table !

ESPRIT RÉCUP'

Pour créer des sets à la fois personnalisés et rigolos, procurez-vous des grandes tuiles d'ardoise sur lesquelles vous pourrez écrire un message ou le nom de chaque convive ; et pour un décor éphémère, achetez des grandes feuilles d'arbre exotique sur lesquelles viendront se poser les assiettes.

Les toiles cirées fantaisie

Toujours à l'affût de nouvelles tendances, les fabricants de toile cirée ont depuis bien longtemps relégué les modèles à carreaux rouges et blancs et les motifs à petites fleurs aux oubliettes ! Vous trouverez sur le marché des dizaines de modèles parmi lesquels se trouve certainement celui qui s'harmonisera le mieux à votre déco. Rayures bayadères, pois blancs sur fond mastic, grosses fleurs ultratendance… tous les styles sont représentés.
Bien sûr, si votre déco est déjà un peu chargée, optez pour un modèle plutôt sobre (voire uni). Dans le cas contraire, tous les excès sont permis !

Les accessoires

Affichez la couleur... et la vaisselle ! Plus la peine de cacher vos assiettes, vous pouvez les installer sur des étagères !

Place au rangement

Les éléments indispensables

La cuisine est le royaume des ustensiles pratiques et accessibles. Suivez nos conseils pour leur trouver une place.

Lorsque l'on fait la cuisine, on aime bien avoir sous la main les ustensiles nécessaires, mais on aime moins les voir traîner sur le plan de travail ! Pour éviter cela, il existe de nombreux supports muraux destinés à les accueillir.

De la simple tringle, sur laquelle on accroche les fouets, louches et autres pelles, à l'étagère à épices en passant par le dévidoir à papier d'alu et à essuie-tout, vous pourrez sans problème tout accrocher.

Si vous préférez que tous ces objets restent invisibles, sacrifiez un tiroir. Compartimentez-le soigneusement en fonction de la taille de chaque élément, et rangez-les toujours à la même place.

Vous gagnerez ainsi un temps précieux et resterez zen en toutes circonstances !

À la bonne heure

L'horloge est un élément à la fois pratique et décoratif dans une cuisine. Installez-la de préférence dans un endroit facilement visible depuis la table et sélectionnez les modèles en fonction du style de la déco.

Dans une ambiance blanche et zen, choisissez plutôt des horloges cerclées d'alu, à fond blanc (vous pouvez jouer l'accumulation en superposant trois pendules indiquant respectivement l'heure de Paris, New York et Tokyo), ou préférez un modèle design de plus ou moins grande taille.

Si votre décor est plus classique, optez pour une réédition d'une horloge ancienne, en acier foncé sur fond beige, et associez-la à une enseigne de bistrot dans le même métal, chinée dans une brocante... Vous n'aurez plus aucune excuse pour manquer vos rendez-vous !

Les meubles

Des trucs à savoir

- Osez les torchons aux motifs et aux couleurs très décoratifs. D'un style classique, pop ou branché, vous avez l'embarras du choix ! Au lieu de les cacher, montrez-les en les suspendant sur de jolis crochets.
- Si vous n'avez pas assez de place pour ranger vos accessoires et vos ustensiles dans les placards, procurez-vous des paniers dans lesquels vous placerez des torchons et des nappes.
- Si vous ne trouvez pas de casiers à bouteilles anciens, il en existe des neufs auxquels on a donné une jolie patine ancienne (environ 29 €).
- Si vous le pouvez, laissez le moins de choses possible traîner sur les meubles. Si vous voulez pourtant toujours avoir certains produits sous la main, installez une étagère au-dessus du plan de travail et garnissez-la de jolis bocaux remplis de vos précieuses épices et autres ingrédients.

ESPRIT RÉCUP'

- Faites le tour des brocantes et rapportez-en des vieux casiers à bouteilles au bois bien patiné. Superdécoratifs et très tendance, ils se marieront à merveille à tous les styles de déco auxquels ils apporteront un petit côté désuet et vraiment sympa.
- Remplacez les tiroirs par des grands paniers rectangulaires en osier. Vous serez peut-être obligé de rajouter des planches pour les soutenir. Si c'est le cas, prenez soigneusement les mesures (longueur + largeur) et faites découper des planches sur mesure (magasins de bricolage). Prenez-les en stratifié blanc : elles seront moins salissantes que du bois brut et permettront aux paniers de mieux glisser.

Pleins feux sur la poubelle

Élément déterminant de la cuisine, la poubelle ne se cache plus !

Ultramoderne en acier chromé pour un esprit loft, version rétro en émail avec son petit couvercle rouge, superpratique grâce à son clapet rabattable ou complètement écolo avec ses compartiments séparés pour trier les déchets, vous avez l'embarras du choix !

Afin de dénicher le modèle qu'il vous faut, il ne vous reste plus qu'à déterminer la contenance qui convient à votre consommation (30 ou 50 litres, voire plus) et mettre enfin au rebut vos vilains petits sacs plastique qui pendouillaient lamentablement sur une poignée de porte ou sous l'évier !

Un conseil : dans la mesure du possible, placez-la à un endroit pas trop éloigné de l'évier. En effet, on a souvent des choses humides à y déposer et vous éviterez ainsi de longues traînées d'eau sur le carrelage.

Le carrelage

Particulièrement exposés, les sols de cuisine nécessitent d'être facilement entretenus. Il est donc primordial d'y installer un revêtement qui ne craindra ni les éclaboussures ni les lavages fréquents.

Grosses dalles en ardoise, petits carreaux de ciment branchés ou sol PVC hypertendance, à vous de choisir !

Priorité à l'entretien

Les avantages du carrelage

La plupart du temps, les sols de cuisine sont recouverts de carrelage, matériau idéal dans cette pièce : imperméable, résistant au feu et particulièrement solide. Autre intérêt de taille, il est facile à nettoyer, puisqu'un simple coup de serpillière imbibée d'un produit d'entretien de base suffit à le rendre parfaitement propre.

Si vous devez refaire le sol de votre cuisine, choisissez d'abord les meubles, puis le carrelage. Dans un décor un peu rustique, ou dans une maison de campagne, vous pourrez mettre de la terre cuite ou de l'ardoise (voir ci-contre) ; les carreaux de ciment font aussi beaucoup d'effet et permettent toutes les fantaisies en conservant une certaine sobriété ; pensez aussi à la pierre naturelle pour sa chaleur et son charme intemporel. Pour une atmosphère plus moderne, choisissez un grès cérame blanc ou créez un damier.

Un conseil : privilégiez toujours l'harmonie. Si la déco de votre cuisine est chargée, optez pour un sol neutre et discret ; si, en revanche, le décor est épuré, voire un peu froid, misez sur un carrelage très présent.

À noter : certains carrelages, comme le marbre (ci-dessous, du marbre vieilli) ou les carreaux de ciment, ont besoin d'être imperméabilisés après la pose pour pouvoir être lavés à l'eau, sinon ils sont poreux et absorbent toutes les taches qui deviennent alors impossibles à faire disparaître.

Pour un côté plus déco, il existe des carrelages dans des formats 45 x 90 dans des teintes allant de la rouille à l'acier foncé, ultratendance. Et si vous le pouvez, osez le parquet dans la cuisine, c'est facile d'entretien et top joli !

Les sols

Des trucs à savoir

- Si vous choisissez un sol plastique, sachez que plus le PVC est épais, meilleure sera l'isolation phonique.
- Si vous aimez changer souvent de déco, collez plutôt votre sol PVC à l'adhésif double face. Il sera beaucoup plus facile à retirer que s'il a été collé sur toute sa surface. En effet, la colle étant très résistante, elle retient des petites parcelles de gomme au sol. Il faudra donc impérativement les gratter pour qu'elles ne laissent pas apparaître de bosses sous le nouveau revêtement, et le grattage peut s'avérer assez contraignant.
- Privilégiez la sécurité en choisissant des revêtements de sol antidérapants.
- Si vous ne souhaitez pas changer le carrelage ou le recouvrir de sol PVC, il vous reste la possibilité de le peindre ; employez alors une peinture spécialement prévue à cet effet, et sachez que vous n'aurez plus accès à votre cuisine pendant au moins 24 heures, le temps que le sol soit bien sec !

HYPERTENDANCE : LE BÉTON

Présent depuis peu dans la déco des sols, car sa pose est relativement compliquée, le béton s'impose désormais comme un revêtement incontournable. Il est vrai qu'il a de quoi séduire : il permet de recouvrir de nombreux mètres carrés sans joints, ne craint pas les petites dénivellations et se lave facilement à l'eau savonneuse. Disponible également sous forme de dalles de 15 mm d'épaisseur, il se pose alors comme un carrelage, mais il est plus léger que ce dernier et, surtout, beaucoup plus résistant (autant que du granit !).

On peut aussi lui inclure des filaments de fibre optique qui éclaireront le sol d'une constellation de lumières des plus spectaculaires. Puisqu'il est teinté dans la masse, on peut lui faire prendre une multitude de couleurs différentes, à choisir à l'envi selon sa déco. Grâce à cette technique, on peut aussi y incruster des petits morceaux de miroir, de verre ou de céramique, ou encore le couler sur du tissu imprimé dont il restituera le motif. Tout est question d'imagination, de choix… et aussi malheureusement de prix car, revers de la médaille, le coût d'un sol en béton reste assez élevé (environ 160 € le m^2) et nécessite impérativement l'intervention d'un pro pour que sa pose soit irréprochable.

Les sols PVC

Ils n'ont vraiment plus rien à voir avec les vieux linos de mamie : les sols vinyles d'aujourd'hui existent dans une multitude de couleurs et de motifs (voir photo ci-contre). Parfaits pour recouvrir le sol de la cuisine, ils peuvent même déborder sur le couloir, l'entrée ou, bien sûr, la salle de bains tant leur entretien est facile !

Présentés sous forme de grands rouleaux de 2, 3, 4 ou 5 m de large, ils doivent être choisis en fonction des dimensions de la cuisine. On les maintient alors au sol avec de l'adhésif double face ou à l'aide d'une colle spéciale. Ils existent également sous forme de dalles qui se collent au sol et s'adaptent sans problème à toutes les cuisines, même les plus biscornues.

Parfaitement lisses ou légèrement granuleux, arborant des petites pastilles en relief ou des grosses rayures teintées dans la masse, imitant le marbre ou le parquet… la gamme des vinyles est extrêmement étendue et conviendra à toutes les décos, des plus sobres au plus délirantes.

Rideaux et stores

La cuisine est une pièce qui se salit beaucoup et très vite, mieux vaut donc habiller les fenêtres de matériaux peu fragiles et facilement lavables. Pour donner un style à votre cuisine, habillez-la avec des rideaux lavables en machine ! Reste à savoir comment les choisir et les installer.

Pour changer des sempiternels voilages et faire entrer dans la cuisine une douce lumière, rien ne vaut les stores vénitiens !

Les stores

Stores vénitiens, avantages et inconvénients

• ***Avantages.*** Inclinables à souhait, leurs lamelles permettent de moduler l'entrée de la lumière en fonction des besoins. Le soir, hermétiquement closes, elles vous protégeront efficacement de l'extérieur. Disponibles en plusieurs largeurs, ces stores s'adaptent en général à toutes les fenêtres standards, mais vous pouvez aussi les faire réaliser sur mesure. Leurs matériaux de base (plastique, aluminium ou bois verni) permettent un entretien facile. Selon le style que l'on désire obtenir, on choisira de préférence des lamelles larges ou fines. Les prix restent très raisonnables et vont de moins de 5 € pour un store PVC à 40 € ou plus pour un modèle en bois. Autre intérêt, ils peuvent constituer à eux seuls un véritable élément de décor (s'ils sont d'une matière ou d'une couleur tranchée) ou se fondre totalement dans la pièce (si vous les choisissez, par exemple, de la couleur des murs). Grâce à leur matériau et à la largeur de leurs lamelles (de 25 à 50 mm), ils forment un bon rempart contre la chaleur et le froid venant de l'extérieur.

• ***Inconvénients.*** Comme tous les stores ou rideaux, ils s'encrassent et le nettoyage des lamelles peut être long et fastidieux. Ils ne peuvent pas se poser directement sur la fenêtre, mais sur le mur ou le plafond. Il faut donc vérifier que vous pourrez bien ouvrir la fenêtre une fois le store relevé ; pour ce faire, mesurez la hauteur du store replié (ou vérifiez sur la boîte). Elle doit être inférieure ou égale à la distance située entre le plafond et le haut de la fenêtre, ce qui n'est pas toujours le cas ! Par exemple, si votre store replié fait 30 cm (lattes + mécanisme) et que vous n'avez que 28 cm entre le haut de la fenêtre et le plafond, vous pouvez toujours poser le store, mais vous ne parviendrez pas à ouvrir la fenêtre. En fait, tout dépend de la longueur du store une fois déplié, et donc du nombre de lamelles qu'il possède, car les stores sont vendus à la fois dans des largeurs et des hauteurs différentes. Donc, si votre fenêtre s'arrête à mi-hauteur du mur, choisissez un modèle court : il prendra moins de place une fois replié et vous aurez plus de chances de pouvoir ouvrir la fenêtre sans problème.

Les rideaux

Des trucs à savoir

- Si vous avez acheté un store vénitien mais qu'il est vraiment trop long pour votre fenêtre, vous pouvez le raccourcir en supprimant quelques lamelles.
- Pour une ambiance vraiment originale, optez pour les nouveaux rideaux tendance : grosses pastilles argentées suspendues les unes au-dessous des autres, panneaux en plastique ajouré au laser ou encore filets de camouflage... choisissez-les à votre image. Votre cuisine ne ressemblera à aucune autre !

LES STORES VÉNITIENS EN BOIS

Pour réchauffer l'atmosphère d'une cuisine un peu stricte, rappeler un plan de travail en chêne, adaptés à un style moderne ou classique, pensez aux stores vénitiens en bois, à la fois esthétiques et indémodables.

Pour un modèle discret, choisissez des lamelles de 25 mm de large ; si vous désirez que le store prenne davantage d'importance, optez pour des lamelles de 50 mm.

Choisissez sa couleur en fonction des meubles, des objets déco ou du plan de travail ; vous aurez le choix entre des teintes naturelles, claires ou foncées, ou des tons tirant plutôt vers l'acajou. Plus le bois est précieux, plus le store sera cher, mais on en trouve des modèles très corrects pour moins de 40 €.

N'hésitez pas à comparer les prix entre magasins, la concurrence est rude !

Les brise-bise

Plus spécialement adaptés aux petites fenêtres, les brise-bise sont des rideaux individuels maintenus sur le cadre de la fenêtre grâce à une tringle spéciale. Ils existent aujourd'hui dans des styles variés et modernes.

En toile blanche unie toute simple ponctuée de quelques jours ou agrémentée de pompons de passementerie, en lin brodé de blanc, rouge, ou ton sur ton en voilage fin, transparent ou coloré, en polyester à motifs géométriques... Le choix est désormais extrêmement vaste et les prix varient en fonction du tissu et du travail réalisé dessus.

À réserver aux fenêtres sur lesquelles on n'aura pas pu mettre de rideaux ni de stores.

Spots et plafonniers

Dans une cuisine, la lumière doit être la plus naturelle possible. En effet, pour mitonner des petits plats, on a vraiment besoin de bien voir ce que l'on met dans sa cocotte !

Multipliez les suspensions lumineuses : effet déco garanti !

Au-dessus de la table

Les différentes options

Dans la mesure du possible, l'éclairage idéal au-dessus d'une table est la suspension. Elle doit être placée bien au centre de la table, pas trop haut pour diffuser une lumière agréable, et pas trop bas pour que l'on ne se cogne pas dedans ! Une astuce : faites asseoir deux personnes de part et d'autre de la table et installez la suspension de sorte qu'elle soit bien au-dessus de leur tête, mais pas beaucoup plus haut. Reste à choisir l'abat-jour qui convient.

- ***Les abat-jour en tissu.*** La pièce étant très salissante, ils risquent d'être vite recouverts d'une couche de saleté. Il faudra donc les nettoyer souvent.
- ***Les abat-jour en plastique.*** Plus faciles à entretenir, on les trouve dans des couleurs et des motifs variés, très décoratifs.
- ***Les abat-jour en verre transparent ou coloré***. Vous pourrez les laver de temps en temps avec du produit pour vitres. À réserver aux ambiances modernes ou design.
- ***Les abat-jour en fer forgé.*** Sympa dans un décor rustique, champêtre ou provençal. Pensez à les dépoussiérer régulièrement. Voir aussi pages 40 et 49 pour d'autres conseils.
- N'hésitez pas à mettre des lustres à pampilles colorées ! Cela donnera un côté décalé à votre cuisine contemporaine ou accentuera une ambiance baroque !

L'éclairage

Des trucs à savoir

- Si la cuisine est contemporaine, des spots s'harmoniseront parfaitement au décor. Si, en revanche, vous optez plutôt pour un style campagnard ou plus typé (provençal, récup, etc.), choisissez plutôt un éclairage à base d'appliques, de lustres ou de lampes plus en rapport avec la déco.

- C'est prouvé scientifiquement, si l'on voit bien ce que l'on a dans son assiette, la perception du goût augmente !
- Pensez à nettoyer régulièrement toutes les ampoules ; vous serez surpris de la différence d'éclairage avant et après…

UN ÉCLAIRAGE BIEN DIRIGÉ

Quel que soit le type d'éclairage que vous avez choisi, il est indispensable de le placer au bon endroit.

Les points qui doivent être éclairés en priorité sont la plaque de cuisson, l'évier, mais aussi le reste du plan de travail et le coin repas. Si vous n'avez pas la possibilité de placer une suspension au-dessus de ce dernier, achetez un lampadaire constitué d'un pied très lourd soutenant une longe tige en acier pliée en forme de demi-cercle, elle-même terminée d'un gros abat-jour ; objet déco à lui seul, il fera beaucoup d'effet dans une cuisine moderne. Si vous avez mis des spots dirigeables, tournez-les de sorte que personne ne soit ébloui par leur lumière.

Si vous avez conservé une suspension centrale, n'hésitez pas à y mettre une ampoule assez forte (75 ou 100 W), mais soutenez sa lumière par d'autres lampes disposées ailleurs dans la pièce.

Au-dessus d'un évier, pensez aux lampes à cliper. Les lampes DOT-IT de la marque Osram durent plus de 400 heures !

Vous possédez une petite pièce à part qui, pour l'instant, tient plus du débarras que du bureau de vos rêves… Mais c'est décidé, vous allez prendre les choses en main !
Avant tout, réfléchissez bien à ce que vous désirez vraiment faire dans cette pièce : est-elle uniquement destinée au travail, aux loisirs, ou plutôt réservée à vos amis de passage ? Ensuite, déterminez le mobilier dont vous allez avoir besoin et l'ambiance générale que vous souhaitez obtenir.
Pour vous aider, suivez les quelques conseils que vous trouverez dans les pages suivantes.

Le bureau

Vous sentez bien que quelque chose cloche… Quelques solutions simples et tout ira mieux !

- **Les murs.** Ils sont blanc cassé, et un petit coup de neuf ne leur ferait pas de mal.
- **Les meubles.** La pièce sert aussi de chambre d'amis, ce qui explique la présence d'un petit canapé-lit blanc cassé. Le bureau est composé d'un plan de travail blanc posé sur des tréteaux en bois. Il est placé dos à la fenêtre, ce qui ne permet pas de bien profiter de la lumière. La chaise en bois peint en blanc n'est pas vilaine, mais s'avère vite inconfortable dès lors que l'on s'y attarde un peu. Trois étagères en bois clair entourent le bureau et une petite table basse blanche sert de chevet au canapé-lit.
- **Les sols.** La moquette est marron et ne nécessite qu'un petit coup de shampouineuse pour retrouver sa jeunesse.
- **Les rideaux.** L'unique fenêtre est masquée par de simples voilages transparents.
- **L'éclairage.** Il est composé d'une lampe de bureau articulée posée sur le plan de travail, d'une petite lampe de chevet disposée sur la table basse près du canapé-lit et d'une grosse boule en papier japonais pendue au plafond.

Les murs

Ils ont été repeints en blanc, car la moquette est relativement foncée et une teinte plus soutenue pour les murs n'aurait fait que rapetisser l'espace. Pour cette pièce, on peut utiliser de la peinture mate qui adoucira l'ambiance générale (voir page 13). Le mur situé entre la fenêtre et celui face à la porte (donc à gauche du bureau) a été enduit de deux couches de peinture magnétique (voir page 101), elle-même recouverte de peinture rouge (assortie au petit tapis) ; à l'aide d'aimants, on va ainsi pouvoir y accrocher tous les papiers ou photos que l'on souhaite, ce qui apportera une touche gaie et déco à la pièce, tout en étant très pratique.

Les meubles

À la place du plan de travail, on a installé un bureau en bouleau fait d'une structure fixe (à gauche) et d'un plateau coulissant (à droite) ; sous ce dernier, on a glissé un bloc-tiroir, lui aussi sur roulettes ; le même bloc, mais sans rou-

Budget D&CO

- suspension 150 €
- lampes de bureau 50 € pièce
- lampe sur pied 50 €
- lampe articulée 40 €
- bureau et plateau 99 €
- caissons 69 € pièce
- fauteuil pivotant 125 €
- suspension 60 €
- store 30 €
- tapis 8 € pièce

Tous les prix sont donnés à titre indicatif.

Après

lettes, remplace la petite table basse et offre ainsi un rangement supplémentaire. Pour remplacer la chaise, on a choisi un fauteuil pivotant, ce qui permettra de passer facilement d'un bureau à l'autre ou de se tourner vers la porte. Les trois étagères ont été installées côte à côte, tout de suite à droite en rentrant, ce qui les rend plus discrètes. Le canapé a été placé face à la fenêtre afin de profiter de la vue ; il a simplement été réchauffé par deux petits coussins rouges. Dans l'angle opposé à l'entrée, on a mis une plante aux feuilles fines et longues qui habille bien l'endroit et fait entrer un peu de nature dans la pièce. Pour habiller le mur situé au-dessus du canapé, on a opté pour une photo de fleur en très gros plan imprimée sur une immense toile.

Les sols

La moquette a été nettoyée en profondeur, mais pour masquer quelques imperfections, on a placé trois tapis ronds (deux brun clair et un rouge) qui ont également pour avantage de créer une jolie perspective en entrant.

Les rideaux

Les voilages, un peu classiques et sans âme, ont été remplacés par un store bateau en coton blanc cassé opaque, que l'on laissera la plupart du temps légèrement baissé.

L'éclairage

La boule en papier a laissé sa place à un très grand abat-jour blanc cassé dans lequel on a mis une grosse ampoule pour harmoniser les proportions. À droite et à gauche du bureau se trouvent désormais deux lampes très discrètes, mais qui diffusent une belle lumière ; on y a également placé une indispensable lampe articulée, parfaite pour écrire ou réaliser des travaux minutieux. À côté du canapé trône maintenant une jolie lampe, en harmonie avec le reste des meubles.

Couleurs et déco

Quelle que soit la fonction exacte du bureau, ses murs sont souvent encombrés d'étagères, de pêle-mêle ou de tableaux… Une petite touche de déco n'est cependant pas exclue. À vous de la placer avec soin et d'y laisser votre patte personnelle !

Top tendance, les photos de fleurs imprimées sur d'immenses toiles vous permettent de booster votre déco à moindres frais !

Un lieu agréable

Ambiance détente

On gagne toujours à travailler et à se détendre dans un lieu sympa et bien décoré !
Ne négligez pas la déco de votre bureau et donnez-lui des couleurs ! Cela vous fera du bien à tous les deux !

?

Couleurs à la carte

Vous aimeriez repeindre votre bureau, mais vous ne parvenez pas à vous décider sur une couleur… Demandez-vous déjà ce que vous aimez ou devez y faire le plus souvent ; vous y verrez un peu plus clair.

- ***Vous y travaillez.*** Mieux vaut privilégier des tons neutres et reposants (blanc, blanc cassé, beige, etc.) que vous pourrez dynamiser avec une touche de couleur vive (rouge, orange, etc.) posée uniquement sur l'un des murs. Peinture mate ou satinée, à vous de choisir.
- ***Vous y exprimez votre créativité.*** Lâchez-vous et jouez la profusion de couleurs ! Inspirez-vous, par exemple, d'un tableau qui vous plaît beaucoup et déclinez ses teintes sur les murs. Peignez alors un mur de chaque couleur, ou choisissez uniquement deux teintes que vous peindrez sur deux murs opposés en laissant les autres blancs, ou faites des rayures (voir page 47). Bref, n'hésitez pas. Optez pour de la peinture satinée, bien lumineuse.
- ***Vous vous y reposez.*** Préférez les couleurs douces (blanc cassé mat, rose poudré) et, si la pièce n'est pas trop petite, peignez l'un des murs dans un beau marron chocolat mat : ambiance cocooning assurée ! Privilégiez la peinture mate et son aspect très doux.

Un conseil : pour le bureau, la peinture acrylique convient parfaitement. Elle se pose facilement, sèche rapidement et sent très peu. De plus, comme cette pièce ne se salit pas très vite, vous n'aurez pas besoin de la lessiver souvent.

Les murs

Des trucs à savoir

- Profitez de cette pièce pour y exposer vos œuvres personnelles et exprimez-vous sans modération.
- Si vous adorez accrocher des tas de choses aux murs, mais que vous aimez souvent les changer, fixez des planches de sapin brut du sol au plafond sur l'un des murs et lasurez-les en blanc. Vous pourrez y planter facilement des petits clous dont les trous resteront très discrets.
- Pour une déco durable ou éphémère, pensez stickers décoratifs (voir page 30).
- Au-dessus ou à côté de votre écran, réalisez une petite composition en accumulant des cartes ou des objets que vous aimez et disposez-les harmonieusement sur le mur.

UN TABLEAU TRÈS PERSO

Pour une déco personnalisée, choisissez une de vos photos préférées (représentant votre famille, votre maison de vacances ou un paysage que vous adorez) et faites-la imprimer sur une toile, au format de votre choix.

Plusieurs techniques de reproduction sont proposées (impression simple, style Andy Warhol [quatre cases colorées], toiles fantaisie, etc.), pour un coût variant de 75 à 450 €. Vous aurez ainsi un véritable tableau dont vous pourrez revendiquer l'originalité et l'exclusivité. Vous pouvez également vous laisser tenter par les très grandes impressions photos sur toile que l'on trouve désormais sur le marché. Fleurs multicolores géantes, gouttes de rosée surdimensionnées, paysages bucoliques ou photos à thème, vous trouverez forcément le sujet qui vous convient.

Hyperdécoratifs, ces tableaux sont très accessibles puisque leur prix varie de 70 à quelques centaines d'euros pour les grands modèles.

La peinture magnétique

Vendue en pots comme une peinture normale, la peinture magnétique se caractérise par le fait qu'elle contient des microparticules de fer qui permettent de retenir des petits objets, des photos ou des documents à l'aide de simples aimants.

Absolument non toxique, car exempte de plomb ou de composés organiques volatils, elle ne provoque pas non plus de perturbations électromagnétiques – ce qui ne risque pas de gêner la réception de votre précieux portable !

Diluable dans l'eau, elle s'applique sur tous les types de mur ou de revêtement (bois, béton, plâtre, carrelage, verre, métaux, plastiques…). Sachez seulement que plus vous appliquerez de couches, plus son efficacité sera grande. Vous pouvez la laisser telle quelle si sa couleur grise vous plaît, ou la masquer avec la peinture de votre choix. Attention : si vous repeignez par-dessus, ne faites pas de couches trop épaisses. En effet, plus elle sera recouverte de peinture, moins elle sera aimantée.

Rangements et sièges

Plus spécialement dédié au travail ou aux loisirs, le bureau est un lieu souvent un peu négligé côté déco. Or, c'est prouvé, on ne travaille ou ne se détend correctement que dans une pièce où l'on se sent bien. Un peu d'huile de coude et des investissements modestes peuvent transformer cet endroit à votre image.

Une ambiance clean et ordonnée passe forcément par la case « rangement ». Suivez nos conseils pour éviter le casse-tête !

Le bureau

Les éléments qu'il vous faut

• Pour travailler dans de bonnes conditions, votre bureau ne doit pas être trop petit. S'il est encombré, n'hésitez pas à acheter un meuble supplémentaire pour y ranger tout ce que vous n'avez pas besoin d'avoir toujours sous la main (vieux dossiers, magazines, CD-Rom, etc.). Dans cette optique, les caissons à roulettes constituent un formidable appoint, et vous en trouverez forcément un modèle qui se mariera très bien à votre déco.

• Installez votre bureau de préférence près d'une prise de courant, car même si vous n'avez pas d'ordinateur, vous aurez au moins besoin de brancher des lampes.

• Choisissez un revêtement peu sensible aux rayures et facile à entretenir. Vous pouvez acheter un bureau tout fait ou créer votre propre modèle. Pour cela, optez pour les pieds et le plateau de votre choix : ils existent dans toutes les tailles et toutes les couleurs, pour des sommes tout à fait raisonnables. Vous pouvez également faire reposer le plateau directement sur des blocs-tiroirs. En alu laqué (blanc, gris ou rouge), ils seront parfaits pour des bureaux design. Pour un style plus classique, préférez des modèles en bois (peint ou verni).

Les meubles

Des trucs à savoir

- Ne placez pas votre ordinateur face à la fenêtre : la lumière qui se refléterait dans l'écran rendrait la lecture très difficile, voire impossible.
- Si le contenu des étagères est vraiment trop vilain, installez tout en haut une tringle et enfilez dessus un rideau qui servira à masquer le tout.
- Achetez des aimants colorés ou des magnets aux formes rigolotes et utilisez-les pour maintenir vos documents ou papiers divers sur votre mur aimanté (voir page 101).
- Achetez des petites séries de mots aimantés et laissez des messages sur le mur à ceux qui partagent cette pièce avec vous.
- Dans la mesure du possible, optez pour un écran plat qui prend beaucoup moins de place qu'un écran classique.

DES ÉTAGÈRES BIEN ORDONNÉES

S'il est une pièce où les étagères s'imposent, c'est bien le bureau ! Mais pour conserver au lieu une certaine harmonie et pouvoir mettre rapidement la main sur le dossier que vous cherchez, un peu d'organisation est indispensable.

Première mission : rangement complet ! Videz toutes les étagères et classez leur contenu selon diverses catégories (papiers officiels, documents divers, etc.). N'hésitez pas à jeter tout ce qui est inutile ou plus d'actualité. Achetez ensuite des classeurs aux tons neutres et étiquetez-les en fonction de ce qu'ils vont contenir. Procurez-vous aussi des grosses boîtes ou porte-documents en carton dans lesquels vous pourrez glisser tout ce qui ne rentre pas dans les classeurs.

Rangez les livres selon leur collection ou leur taille ; triez les magazines et empilez-les par titre.

Les sièges à roulettes

Pour se déplacer de son écran vers un autre endroit du plan de travail, attraper un dossier sans se lever de sa chaise ou, simplement, se tourner vers la porte d'entrée, pensez aux sièges pivotants à roulettes.

Leur aspect n'est pas toujours des plus esthétiques, mais leur forme ergonomique spécialement étudiée pour les stations prolongées vous permettra de rester assis pendant des heures à votre bureau sans ressentir un cuisant mal de dos. De plus, ils existent désormais dans des couleurs ou des formes tellement variées que vous n'aurez plus l'impression d'avoir rapporté votre siège du travail… Il ne vous reste plus qu'à le choisir en fonction de l'atmosphère de la pièce et de son prix (environ 50 € pour un modèle correct, jusqu'à plusieurs centaines pour un siège haut de gamme).

Accessoires et lits d'appoint

Quelles que soient leur matière et leur couleur, les coussins seront le petit détail déco qui fera toute la différence !

Règles de base

Du confort, encore du confort !

Le bureau n'est pas toujours une pièce dédiée au travail. Lieu de détente ou chambre d'amis, c'est un endroit où il fait bon vivre et où l'on aime à s'attarder. Pour tenir ce pari, vous aurez juste besoin de quelques accessoires sélectionnés avec soin.

?

Des coussins à profusion

Carrés ou rectangulaires, rayures bayadères pour un look estival, grosses fleurs inspirées des années 1970, flocage velours sur toile de lin pour un classique revisité, impressions bucoliques sobres ou hypercolorées, version cuir, peau de bête ou poils de chèvre... le choix est si vaste qu'il implique de faire le tour des grandes enseignes à la recherche de la perle rare.

Mention spéciale : les coussins de sol. Ces gros carrés bien rembourrés se sont imposés dans la déco comme des objets incontournables. Pendant longtemps disponibles uniquement dans des tons unis et neutres, ils existent désormais dans une large gamme de tissus allant des grosses rayures aux fleurs les plus bariolées. Ils feront d'excellents sièges d'appoint et vous pourrez les transporter de pièce en pièce ; ils y trouveront forcément une petite place en cas de besoin.

Les meubles

Des trucs à savoir

- Avant d'acheter votre lit d'appoint, vérifiez bien l'espace dont vous disposez et assurez-vous que vous pourrez le déplier entièrement sans toucher les autres meubles ni condamner tout accès à la pièce !
- Faites de votre bureau un lieu chaleureux où vous pouvez vous isoler pour lire ou regarder des films sur votre ordinateur. N'hésitez donc pas à y mettre des coussins, des lumières douces et, à défaut d'un canapé, un fauteuil confortable.
- Pour ceux qui adorent les plantes mais sont fâchés avec leur arrosage, il existe une nouvelle gamme de végétaux créés grâce à une technologie de pointe : l'hydroponie. Cette dernière permet aux plantes de vivre sans terre et, surtout, pratiquement sans eau ; le rêve pour tous ceux qui se désespèrent devant leur pauvre ficus en train de rendre l'âme par manque d'hydratation (voir adresses).

LES LITS D'APPOINT

Si le bureau est la pièce dans laquelle vous aimez vous isoler, ou s'il sert également de chambre pour accueillir vos amis, vous avez besoin d'un gros fauteuil ou d'un lit d'appoint. Autrefois, ces derniers n'existaient que dans des formes compliquées, avec un vrai sommier : les ouvrir et les fermer relevait souvent de l'exploit ! Aujourd'hui, on trouve des modèles en mousse ou à lattes qu'il suffit de déplier pour obtenir un couchage tout à fait satisfaisant. Toutes les grandes enseignes vous proposent de nombreux modèles, à choisir en fonction de la place dont vous disposez et de votre déco.

Avantages : une fois le lit replié, vous avez un siège tout à fait classique que vous pouvez agrémenter de coussins ou d'un plaid. Les prix de ces canapés sont extrêmement abordables (à partir de 199 € pour un modèle deux places classique et vraiment joli).

Inconvénients : on y dort quand même un peu moins bien que dans un lit normal ; les coussins ne sont pas déhoussables, ce qui ne facilite pas l'entretien.

Faites entrer la verdure…

Si vous avez la chance d'habiter à la campagne, vos envies de verdure doivent être largement assouvies. En revanche, si vous vivez en milieu urbain, vous êtes peut-être en manque de chlorophylle ! N'hésitez donc plus à faire entrer une touche de nature chez vous.

Si vous avez de la place, optez pour un grand arbre (ficus, draecena), planté dans un joli pot en terre cuite. Si vous préférez des plantes de taille plus modeste, achetez des petits ficus, des arécas ou des gardénias. Choisissez toujours leur pot en fonction de la déco.

Vous pouvez également les planter dans des pots à réserve d'eau, mais renseignez-vous au préalable pour vous assurer que ce type d'hydratation par le bas convient bien à la plante que vous avez choisie.

Les différentes options

Avant de choisir le type de sol que vous allez mettre dans votre bureau, il faut déjà déterminer à quoi la pièce va servir en priorité. Pour limiter les problèmes d'entretien, choisissez les revêtements qui conviennent aux divers cas de figure. Voici quelques options qui devraient répondre à vos différentes attentes.

Le choix

Un sol pour chaque usage

• ***Priorité à l'ordinateur.*** Si votre bureau sert uniquement à abriter votre ordinateur et vos dossiers, peu importe le type de sol : parquet ou moquette feront l'affaire. Si, en revanche, vous partagez l'endroit avec des ados fous de jeux vidéo, mieux vaut privilégier une moquette bien épaisse qui absorbera une partie du bruit.

• ***Priorité aux loisirs créatifs.*** Votre bureau est un véritable antre dans lequel vous vous réfugiez pour créer mille objets de vos mains expertes. Scrapbooking, couture, broderie, perles… vos champs d'action sont très étendus et débordent largement sur le sol ! Mieux vaut donc privilégier des matériaux à l'entretien facile, comme le parquet stratifié sur lequel vous n'aurez qu'à passer un coup de balai ou d'aspirateur pour faire disparaître les fils ou les papiers égarés.

• ***Priorité aux amis.*** La place vous manque et votre bureau se transforme souvent en chambre d'appoint pour vos amis de passage ? Chouchoutez-les avec une belle moquette bien épaisse, ou réchauffez le parquet de tapis douillets.

Si vous bricolez dans votre bureau, choisissez plutôt un sol facile à entretenir, comme du parquet ou un revêtement PVC.

Des trucs à savoir

- Pour séparer, par exemple, le coin bureau et la partie chambre d'amis, installez un tapis destiné aux couloirs. D'environ 60 cm de large, il permettra de différencier symboliquement les deux endroits ; à choisir dans des tons similaires ou tranchés par rapport au revêtement du sol.
Voir aussi page 127.
- Pensez à acheter de la colle ou de l'adhésif double face le jour où vous achetez la moquette. Le vendeur saura vous dire exactement la quantité dont vous avez besoin en fonction de votre commande. Cela vous évitera d'en manquer le jour de la pose !

LES DALLES DE MOQUETTE

Vous avez peut-être déjà fait tomber sur votre moquette un produit qui a causé une tache impossible à nettoyer... Vous pouvez, bien sûr, la cacher avec un meuble ou un tapis, mais si vous aviez posé des dalles de moquette, vous n'auriez eu aucun problème à la faire disparaître ! En effet, ces petites dalles, généralement de 50 x 50 cm, se collent directement sur le sol et, dès que l'une d'entre elles est abîmée, il suffit de la décoller et de la remplacer par une neuve !
Disponibles dans une immense gamme de coloris (unis ou mouchetés) et de finitions (poils plus ou moins hauts, aspect lisse ou fantaisie, etc.), ces dalles vous offrent également la possibilité de créer des damiers et des bandes pour une déco personnalisée. Elles sont un peu plus chères qu'un revêtement classique (de 12 à 60 € le m^2), mais cela sera forcément meilleur marché de changer une seule dalle plutôt que la moquette entière !
Un conseil : achetez toujours quelques dalles supplémentaires pour les avoir sous la main en cas de besoin. Si vous devez en racheter par la suite, ce n'est pas dit que le revendeur ait toujours le même modèle et, si c'est le cas, la teinte risque d'être un peu différente.

Les petits tapis à poser

Parfaits pour camoufler des petites taches sur une moquette que l'on n'a pas le courage ou l'envie de changer, pratiques pour créer une petite perspective dès l'entrée de la pièce, les petits tapis à poser çà et là ont la cote. De dimensions modestes (70 à 130 cm de diamètre), ils trouveront forcément leur place, même dans les petites pièces.
Vous pouvez les utiliser pour apporter une petite touche de couleur à l'ambiance générale en les choisissant dans des tons vifs ou avec des motifs fantaisie (dessins géométriques, spirales, etc.). Vous pouvez aussi jouer l'option monochrome, plus discrète, mais non dénuée de charme. Et pour des chambres d'enfant, prenez-les en forme de cœur ou de fleur !
Quels que soient vos choix, vous ne grèverez pas votre budget puisqu'ils coûtent généralement entre 8 et 40 € !

Rideaux et stores

Quelle que soit la fonction première de votre bureau (lieu de travail, de détente, ou chambre d'appoint), il est important d'y installer des stores ou des rideaux qui pourront efficacement vous isoler de l'extérieur et apporter à la pièce une ambiance délicate et chaleureuse.

Pour une déco personnalisée, pensez à customiser vos rideaux en y accrochant, par exemple, des papillons en tissu ou des jolis petits nœuds !

Les options

Les différents types de store

• ***Les stores bateau.***
En tissu plus ou moins épais, les stores bateau sont constitués de plusieurs montants horizontaux et d'un système qui permet de les remonter en faisant prendre au tissu la forme de larges plis très esthétiques. Très décoratifs, ils conviennent à tous les types de fenêtre ; ils se posent soit sur le montant de ces dernières, soit sur le mur (voir page ci-contre).

• ***Les stores bouillonnés.***
Il s'agit d'une bande de tissu de la largeur de la fenêtre dont les plis s'accentuent au fur et à mesure que l'on remonte le store. Ils existent surtout dans des voilages colorés et conviennent aux ambiances cosy voire romantiques.

• ***Les stores à bandes verticales.***
Pour donner à un bureau moderne un look high-tech, installez des stores à bandes verticales. Ces dernières, en tissu ou en plastique, sont reliées les unes aux autres sur un rail accroché au plafond. On peut soit les rabattre complètement d'un côté de la fenêtre, soit les incliner de manière à faire entrer plus ou moins de lumière. Pas très faciles à installer, ces stores doivent être réservés à des grandes baies vitrées et des ambiances design.

Pour d'autres informations, voir également pages 92 et 93.

Les rideaux

Des trucs à savoir

- Si votre fenêtre est assez grande, mettez-la en valeur en l'entourant de beaux rideaux assortis à la déco.
- Si vous avez choisi d'apporter une touche de couleur sur l'un de vos murs, rappelez-la en installant des rideaux ou des stores de la même teinte.

DES RIDEAUX PERSONNALISÉS

Si vous pouvez installer des rideaux dans votre bureau, laissez parler vos doigts de fée et votre imagination !

• Achetez des rideaux unis prêts à poser, puis choisissez un tissu uni dans un coloris tranché (en fonction des touches de couleur que vous aurez apportées sur les murs) ou hyperchargé en motifs. Coupez-en une large bande égale à environ un tiers du rideau une fois celui-ci posé, puis cousez-la sur tout le bas. Avec les chutes, réalisez des coussins ou des galettes de chaise.

• Achetez de grandes plumes et répartissez-les ça et là sur les rideaux ; cousez-les à la base et vers le milieu avec du fil de Nylon. S'il vous reste quelques plumes, utilisez-les pour décorer un abat-jour et des coussins.

• Surlignez les côtés et le bas des rideaux de larges rubans en velours choisis dans des tons chauds.

• Prélevez des fleurs sur un tissu imprimé et cousez-les en bas des rideaux ou aux endroits de votre choix en les agrémentant de paillettes et de perles…

La pose des stores

D'accord, poser un store ce n'est pas facile, mais ce n'est quand même pas insurmontable !
Outil indispensable, la perceuse. En effet, le système d'accrochage nécessite d'être solidement fixé au mur, car le store est très souvent manipulé ; il faudra donc prévoir un système de chevilles qui permettront aux fixations de toujours bien rester en place.
Avant de vous lancer, pensez aussi à vérifier que le store une fois enroulé vous permettra toujours de pouvoir ouvrir la fenêtre !
Si ce n'est pas le cas, fixez le store directement sur le montant de la fenêtre, toujours à l'aide de vis ou de fixations aimantées (voir ci-contre). Si vos talents de bricoleur ne sont pas encore très affirmés, n'hésitez pas à demander de l'aide à un ami ou à un pro, c'est plus sûr !

Les différentes sources

Soignez votre éclairage ! Il est impératif de travailler dans un endroit bien éclairé. En revanche, la lumière du bureau n'a pas besoin d'être uniforme, car seuls quelques points bien précis doivent bénéficier d'un éclairage parfait ; il suffit de faire les bons choix.

Vous le savez, la lumière, c'est primordial, surtout pour travailler ! Alors n'hésitez pas à multiplier les sources lumineuses sur et autour du bureau !

Multipliez les options

Un éclairage ciblé

• ***Le plafonnier.*** Pour habiller le plafonnier, choisissez de préférence des abat-jour discrets, en tissu uni si l'ambiance générale est plutôt à la sobriété, ou dans la couleur des stores ou des rideaux. D'une manière générale, le plafonnier ne sert que d'appoint lorsque l'on rentre dans la pièce ; vous pouvez même l'éteindre dès que vous êtes assis à votre bureau.

• ***L'éclairage du plan de travail.*** Plus il est grand, plus il nécessite d'être bien éclairé. N'hésitez donc pas à multiplier les points lumineux. Vous pouvez ainsi poser une lampe de bureau articulée près de la zone où vous écrivez et placer une autre petite lampe au niveau de l'écran de l'ordinateur ; si vous la placez derrière, elle atténuera les effets nocifs de l'écran sur vos yeux.

• ***La lumière du jour.*** Si vous aimez travailler de vos mains ou faire de la peinture, choisissez un store ou des rideaux laissant passer beaucoup de lumière. Lorsqu'on travaille les couleurs, on a besoin de les voir dans leur version la plus fidèle. Or, la lumière électrique ou le manque de luminosité altère énormément leur aspect. Un conseil : si vous travaillez sur ordinateur, ne le placez pas contre une fenêtre, car la lumière extérieure vous éblouirait. Ne vous mettez pas non plus dos à la fenêtre, car la lumière du jour se refléterait dans l'écran et altérerait sa visibilité. Mieux vaut donc positionner son ordinateur dans un endroit de la pièce ne recevant pas trop la lumière extérieure ; privilégiez alors l'éclairage du plan de travail (voir ci-dessus).

• ***D'autres sources lumineuses.*** Si vous aimez lire dans un canapé ou un fauteuil, installez un lampadaire sur le côté, un peu en retrait. Vous pouvez prendre un modèle articulé que vous dirigerez vers vous, ou un modèle fixe qui vous apportera une lumière tout à fait satisfaisante. Choisissez-le en fonction de votre déco (pied doré articulé et abat-jour beige pour un bureau classique, en alu brossé avec abat-jour en plastique blanc pour une ambiance design…), à vous de voir !

L'éclairage

Des trucs à savoir

- Si vous ne voulez pas multiplier les sources lumineuses, placez un lampadaire devant un grand miroir qui reflétera sa lumière de manière très efficace. Faites de même à un autre endroit (par exemple, en plaçant un miroir sur toute la hauteur d'un des murs), la pièce paraîtra ainsi plus grande.
- Placez votre lampe de bureau de sorte que sa lumière ne se reflète pas dans l'écran de l'ordinateur ; sinon vous risquez de fatiguer vos yeux.
- De même si vous travaillez la nuit tombée sur votre ordinateur, allumez obligatoirement une lumière à côté de l'écran.
- Si vous réalisez des travaux de précision, achetez une lampe articulée munie d'une loupe lumineuse ; elle vous permettra de travailler avec la plus grande minutie sans fatiguer vos yeux (environ 70 €).
- Pour éviter de créer des ombres qui perturberaient l'écriture, placez votre lampe à gauche si vous êtes droitier, et à droite si vous êtes gaucher.

LES AMPOULES QU'IL VOUS FAUT

Quelle que soit la lampe que vous avez choisie, vérifiez bien le type d'ampoule qu'elle peut accueillir. Pour vous aider, voici la liste des principaux modèles et leurs caractéristiques.

• ***Les ampoules à incandescence.*** Ce sont les plus classiques ; on les reconnaît grâce au petit filament de tungstène que l'on aperçoit en transparence. Elles s'usent relativement rapidement : leur durée de vie est estimée à environ 1 000 heures.

• ***Les ampoules halogènes.*** Elles distribuent une lumière claire et puissante, proche de la lumière naturelle. Elles peuvent être agrémentées d'un variateur qui module la puissance d'éclairage, mais attention, ce dernier use l'ampoule. Leur puissance se calcule également en watts (de 7 à 70 W). Le prix d'une lampe halogène est quatre à cinq fois plus élevé que celui d'une lampe à incandescence. Un conseil : n'attrapez pas les crayons halogènes (ceux qui vont dans les lampadaires) avec les doigts nus, car cela réduit leur durée de vie.

• ***Les ampoules économies d'énergie*** (également appelées ampoules fluocompactes). Plus chères à l'achat que des ampoules classiques, elles s'avèrent, à la longue, moins gourmandes en énergie et durent beaucoup plus longtemps (8 000 heures environ). En outre, elles chauffent très peu.

En revanche, elles mettent quelques minutes à diffuser leur pleine puissance de lumière. Elles conviennent tout particulièrement aux pièces dans lesquelles on passe beaucoup de temps.

Les lampes articulées

Qui dit bureau dit forcément lampe articulée. En effet, nous avons tous au moins une fois accueilli sur notre table un modèle de ce genre, mais ceux d'aujourd'hui n'ont cependant plus grand-chose à voir avec leurs ancêtres.

Des nouvelles ampoules. Grâce à l'émergence de l'halogène, les lampes de bureau sont désormais proposées avec tous les types d'ampoule, des plus classiques aux plus innovantes.

Des formes originales. Fixes ou articulées sur deux, voire trois points, les lampes de bureau se déclinent sur tous les tons et tous les styles. Vous pouvez ainsi choisir des modèles ultradesign si vos meubles sont sobres et modernes, rester dans un classicisme passe-partout si votre déco n'est pas très marquée, ou encore opter pour un modèle de type industriel si vous avez, par exemple, des étagères en alu et une table à tréteaux.

L'en

L'entrée et le couloir sont souvent des pièces négligées en déco. D'accord, on ne fait qu'y passer, mais ils sont généralement pour les visiteurs le premier reflet de votre intérieur et donc de votre personnalité. Pour transformer ces petits espaces, quelques travaux suffisent.
Tout dépend en fait de leur taille. S'ils sont petits, vous trouverez aisément des artifices pour les faire paraître plus grands. S'ils sont trop sombres, pas de problème : il existe de nombreuses astuces pour leur apporter toute la lumière nécessaire. Et n'oubliez pas tous les petits trucs de rangement qui donneront au lieu une atmosphère sympa et chaleureuse. À vous de jouer !

trée, le couloir

Vous sentez bien que quelque chose cloche… Quelques solutions simples et tout ira mieux !

- **Les murs.** Ils sont peints en gris, ce qui les rend sobres, mais un peu pâles et tristounets.
- **Les meubles.** Dans une entrée, le portemanteau et la console sur laquelle on pose ses clés, son sac et des petits objets courants sont absolument indispensables, mais on va leur trouver des remplaçants !
- **Les sols.** Un beau parquet, c'est très bien dans une entrée : chaleureux et facile à entretenir. Rien à redire.
- **L'éclairage.** Un plafonnier éclaire la pièce de manière tout à fait satisfaisante, mais une petite lampe d'appoint ne serait pas de trop pour accentuer l'aspect chaleureux…

Les murs

Adieu le gris, place au blanc. On repeint donc tout à la peinture légèrement satinée pour son côté facile d'entretien (voir page 13). Pour casser son aspect un peu froid, on va peindre tout le bas des murs (jusqu'à environ 1,30 m du sol) dans une teinte taupe mat, à la fois neutre et assez chaude. Au-dessus du fauteuil, un message de bienvenue (à composer selon la place que vous avez) est réalisé en lettres de métal peintes en couleur taupe (voir page 48).

Les meubles

Sur le mur de droite en rentrant, on a placé six patères individuelles, chacune espacée d'une vingtaine de centimètres. Sur ces patères, on a accroché de jolis sacs colorés dans lesquels on déposera bonnets, gants ou foulards. Plus la peine de les chercher pendant des heures ! On pourra y accrocher aussi ses vêtements, en prenant quand même soin de ne pas trop les empiler : il faut que cela reste joli, il ne s'agit pas d'en mettre partout !

Budget D&CO

- patères 10 € pièce
- miroir 360 €
- étagère 10 €
- horloge 35 €
- siège 185 €
- rideau velours 50 €
- lampe de 45 à 180 €
- suspensions 69 € pièce

Tous les prix sont donnés à titre indicatif.

Avant/Après

Après

Sur le mur opposé, on a fixé un très grand miroir qui va agrandir considérablement la pièce… et dans lequel on pourra se faire une dernière retouche avant de partir. À gauche en rentrant, toujours à la jonction des deux couleurs, on a fixé une étagère blanche au-dessus de laquelle trône désormais une grosse horloge que l'on pourra voir du couloir. Dans l'angle face à la porte d'entrée, un siège design en plastique transparent (le modèle Louis Ghost, de Philippe Starck) constitue un appoint pour poser un manteau ou un sac (voire pour attendre les retardataires avant de sortir…).

■ Les sols

On a conservé le parquet tel quel.

■ Les rideaux

Sur la porte d'entrée, on a fixé une tringle soutenant un beau rideau en velours épais dans les mêmes tons que ceux de la peinture. Il protégera à la fois des bruits extérieurs et du froid.

■ L'éclairage

Le plafonnier est maintenant fait de trois suspensions en verre transparent. Pour rappeler le fauteuil, une lampe (transparente elle aussi) est posée sur l'étagère près de la porte ; on pourra la laisser allumée pour mettre la pièce en valeur et lui apporter une lumière moins crue que celle venant des suspensions.

Vous sentez bien que quelque chose cloche… Quelques solutions simples et tout ira mieux !

- **Les murs.** Peinture blanc crème d'origine, classique, sans défaut, mais un peu monotone, et des jolies moulures au plafond.
- **Les meubles.** Une commode ancienne adossée au mur du fond, surmontée d'une jolie reproduction. Rien à redire.
- **Les sols.** Un joli parquet ciré, en bois foncé.
- **L'éclairage.** Un seul point lumineux (une simple ampoule entourée d'une boule en papier japonais) situé au milieu du couloir distribue une lumière un peu chiche.

Les murs

Les murs et le plafond ont été repeints en blanc satiné pour pouvoir repartir sur des bases propres. À environ 1,30 m du sol et jusqu'aux plinthes, on a peint une large bande de gris taupe mat, comme dans l'entrée. Au-dessus, on va peindre sur tous les murs des bandes verticales de 10 cm de large. L'alternance taupe mat et blanc satiné créera un effet visuel qui élargira l'ensemble du couloir et jouera sur les reflets. Les portes et leur encadrement restent blancs. Pour rappeler les décors du plafond, on va fixer une moulure en bois assez simple, d'environ 7 cm de large, à la jonction de la bande du bas et des bandes du haut. On aura pris soin de la peindre en taupe avant de la clouer ou de la coller.

Les meubles

La commode ayant un peu vécu, on va lui donner une deuxième jeunesse en la peignant uniformément en noir ébène satiné (voir page 53), mais on conserve ses poignées en ferronnerie qui lui donnent beaucoup de cachet. Sur la commode se trouve désormais un vase transparent dans lequel on a placé des branches de saule séchées, décorées de papillons en tissu et de un ou deux faux

Budget D&CO

- vase transparent 39 €
- lampe100 €
- miroirs 79 € pièce
- spots 80 € chaque rail

Tous les prix sont donnés à titre indicatif.

oiseaux. À la place du tableau, on a installé un miroir rectangulaire noir qui accentue la perspective. Face à chaque porte, on a fixé un miroir rond noir. C'est le même modèle que celui du mur de face, mais on joue sur les formes pour apporter de la fantaisie et de la douceur à ce décor un peu strict. Grâce à leur positionnement, ces miroirs agrandiront la perspective lorsque l'on se trouvera dans les autres pièces.

■ Les sols

Pour réchauffer le parquet et marquer la perspective, on a posé un tapis de passage gris taupe gansé réalisé sur mesure (voir page 127), mais cette option n'est pas indispensable.

■ L'éclairage

Pour augmenter les points de lumière, on a remplacé la suspension par deux rails blancs portant chacun trois spots. Ces derniers doivent être dirigés de telle sorte que l'on ne soit pas ébloui par leur lumière quand on se trouve dans le couloir. Il convient également de les placer vers les miroirs afin que ceux-ci reflètent la lumière et éclairent mieux cet endroit toujours un peu sombre.

Sur la commode se trouve désormais un pied de lampe en verre surmonté d'un abat-jour blanc. On pourra laisser cette source de lumière allumée le soir sans avoir forcément recours au plafonnier.

L'entrée

Alors qu'elle devrait être l'un des endroits les plus accueillants de la maison, l'entrée s'avère souvent tristounette et mal éclairée. Avec un budget raisonnable et un peu d'imagination, cette pièce deviendra vite un endroit où vous aurez presque envie de vous attarder !

■ Du style !

Des goûts et des couleurs

Inutile de préciser que l'entrée est la première pièce dans laquelle on pénètre pour arriver chez vous ! Elle doit donc refléter à la fois votre personnalité et exprimer l'atmosphère générale de l'appartement ou de la maison. Le choix des couleurs et des matières doit donc être fait en fonction du reste de la déco.

L'ambiance est sobre. Jouez les couleurs neutres (blanc, beige, gris, taupe, kaki, prune, etc.) ou, pourquoi pas, noir et blanc. Vous pouvez peindre tous les murs de la même couleur, mais si elle est sombre, la pièce paraîtra un peu tassée... Mieux vaut donc jouer sur les contrastes : par exemple, deux murs blanc cassé, deux murs mastic, ou, comme dans notre projet pages 114 et 115, les murs blancs en haut, pour donner du volume, et taupe en bas pour asseoir le tout. Vous pouvez aussi peindre tous les murs couleur chocolat en conservant le plafond et les encadrements de porte bien blancs. Pour la déco, agrémentez le tout de jolies photos en noir et blanc ou encore de tableaux représentant des grosses fleurs à dominante rose foncé, soulignées de touches de verts différents.

La couleur domine. Lâchez-vous et exprimez vos envies. Si vous aimez les couleurs pastel, optez pour un joli bleu ciel tirant sur le turquoise pour le bas des murs et du blanc pour le haut, le tout agrémenté d'un grand tableau représentant des galets ou des fleurs blanches. Vous pouvez aussi jouer l'option rose poudré et blanc cassé associés, pourquoi pas, à un mur recouvert d'un papier peint Liberty dans les mêmes tons. Pour une entrée vraiment spectaculaire, choisissez une couleur ultratranchée : total look rouge (sauf le plafond, quand même !) ou, encore plus délire, noir laqué partout, sauf au sol... Pour plus de sobriété, vous pouvez également poser un papier peint à rayures (histoire d'augmenter les perspectives) choisi dans des tons chauds, par exemple rouge profond et beige.

Dans une entrée, des patères et de quoi accrocher quelques sacs ou des chapeaux, c'est pratique !

Des trucs à savoir

- Si votre entrée est étroite mais qu'elle a une belle hauteur sous plafond, peignez celui-ci en sombre et les murs en couleurs claires. Si, au contraire, le plafond n'est pas très haut, peignez-le en blanc et faites des rayures sur les murs. Dans les deux cas, la pièce paraîtra plus grande.
- Comme il s'agit par définition d'un lieu de passage extrêmement fréquenté, mieux vaut utiliser de la peinture lavable.
- Recouvrez un mur complet (ou juste une partie) de peinture magnétique (voir page 101). Grâce à des petits aimants, vous pourrez ainsi suspendre vos clés, laisser des messages ou accrocher des photos ou des cartes que vous aimez bien.
- Si vous aimez le style militaire décalé, reproduisez un motif camouflage sur l'un des murs (les autres restant blancs), accrochez un rideau de camouflage (surplus de l'armée) sur la porte et cassez l'aspect austère par un fauteuil en skaï orange vif et des jolies fleurs orange et rouges.

DES PATÈRES PERSONNALISÉES

Si vous avez décidé d'installer des portemanteaux ou des patères dans l'entrée, il existe quelques idées simples pour les personnaliser et s'approprier, avec le sourire, un petit territoire bien à soi.

- À l'aide d'un Polaroid®, photographiez chaque membre de la famille et collez les photos au-dessus de chaque patère avec de l'adhésif double face.
- Puisez dans la multitude d'autocollants désormais disponibles sur le marché pour en extraire quelques symboles qui personnalisent chacun (chat, oiseau, arbre…) et collez-les au-dessus des patères.
- Achetez des lettres en métal représentant les initiales du prénom de chacun et fixez-les au mur. Si vous ne trouvez pas de lettres en métal, peignez-les à la main ou au pochoir.
- Peignez tout simplement les patères de couleurs différentes ou accrochez-y des beaux rubans fantaisie choisis selon la personnalité de chacun…

Et n'oubliez pas de laisser une place libre pour les invités !

Une question de portes

- Pour une entrée ou un couloir à l'esprit coloré, peignez toutes les portes dans des couleurs différentes. Privilégiez les tons vifs et contrastés (rouge, fuchsia, orange, turquoise, vert anis, prune, etc.), et en avant la musique !
- Il arrive que certaines entrées soient pourvues de placards dont les portes coulissantes sont réalisées en bois stratifié. Si leur couleur ne vous convient plus, vous pouvez les repeindre, mais il faut impérativement les recouvrir d'une sous-couche qui permettra à la nouvelle peinture d'adhérer (voir page 53).

Le couloir

Comme l'entrée, la décoration du couloir est souvent laissée de côté au profit de celle des autres pièces. Il est temps de redonner quelques couleurs à ce parent pauvre de la maison ! Un seul mot d'ordre pour réussir cette transformation : osez !

Le couloir, c'est toujours un peu tristounet… Pour lui redonner des couleurs, osez les accumulations bariolées !

■ Pensez-y !

Un couloir galerie

Si vous trouvez que les murs du couloir sont vraiment trop tristes, transformez-les en galerie de tableaux. Pour ce faire, installez des cimaises : il suffit de fixer un rail spécial en acier sur toute la longueur du mur, puis d'y faire pendre des tiges verticales munies de crochets sur lesquels on pourra suspendre des cadres.

Avantages. Vous n'avez plus besoin de faire des trous dans les murs et vous pouvez déplacer les tableaux en largeur et en hauteur à votre guise. Vous pouvez aussi agrémenter le rail de spots lumineux spécialement conçus pour s'y adapter.

Inconvénients. Bien que discret, le système d'accrochage reste présent (on peut néanmoins remplacer les tiges par des fils de Nylon prévus à cet effet). Les modèles de spots disponibles sont assez limités.

Conseils. Fixez la baguette bien au ras du plafond, vous pourrez ainsi y suspendre tous les types de cadre, même s'ils sont assez hauts.

Si vous suspendez des cadres, essayez de choisir des modèles similaires afin de créer une unité (uniquement des moulures en alu brossé ou en bois, par exemple).

Effet d'optique

Pour allonger un couloir, installez plusieurs miroirs sur les murs latéraux (pour agrandir l'espace) ou au fond (pour augmenter la perspective). Effet garanti !

Des trucs à savoir

- Dans notre projet pages 116 et 117, la jointure entre la peinture et les rayures a été masquée avec une moulure en bois qui rappelle celle du plafond. Ces moulures sont vendues au mètre dans tous les magasins de bricolage. Vous pouvez choisir la vôtre plus ou moins travaillée, mais ne la prenez pas trop large (pas plus de 7 à 8 cm), sinon elle serait trop présente et nuirait à la perspective.
- Si votre couloir est assez large, garnissez ses murs d'étagères sur lesquelles vous pourrez mettre tous les livres de la maison. Vous pourrez ainsi libérer de la place dans les autres pièces et donner au couloir un vrai look de bibliothèque. Si vous voulez tout de même apporter une petite touche de gaieté, poussez quelques volumes vers le fond de l'étagère et posez devant des petits objets de déco comme des cadres, des vieux jouets, une collection de robots ou de boules de neige, ou encore des petits souvenirs de voyages. Le fait de tout rassembler au même endroit créera une unité tout en épurant le reste de la maison où vous mettrez plutôt l'accent sur quelques belles pièces de déco.
- Si vous placez un miroir sur toute une hauteur de mur, posez devant une belle plante verte avec, à son pied, un spot lumineux. Leur reflet sera très esthétique.

JEU DE MIROIRS

Les miroirs ne font pas que refléter votre image, ils permettent aussi de renvoyer la lumière et d'agrandir les perspectives de manière significative.

Avant de choisir un modèle, réfléchissez bien à l'emplacement qu'il doit occuper et à la taille qu'il peut faire.

- Si le but est d'agrandir la perspective, placez-le à un endroit où cela sera vraiment efficace (au fond d'un couloir, sur l'un des murs du salon, dans une petite entrée) et choisissez-le de préférence de taille imposante. Le mieux est que le miroir se fonde le plus possible au mur ; vous pouvez ainsi peindre ses montants dans la même couleur, ou, encore mieux, le faire découper sur mesure pour qu'il s'adapte parfaitement à la taille du mur. Vous pouvez aussi combiner perspective et déco en choisissant un modèle dont le cadre sera particulièrement esthétique ou travaillé (par exemple, un trumeau peint à la main, une moulure ancienne dorée, une très large moulure noir satiné, etc.).
- Si sa fonction est purement décorative, choisissez un modèle plus ou moins grand, en fonction de l'endroit où il doit se trouver, et fondez-vous sur la déco générale pour déterminer son style. Si elle est classique, choisissez des cadres aux moulures imposantes, en bois doré, blanchi ou presque noir ; si l'ambiance est design, collez sur le mur plusieurs bandes de petits miroirs ronds ou choisissez des gros cadres en plastique blanc ou de couleur plus tranchée (rouge, orange, turquoise). Un conseil : évitez les miroirs sans cadre, aux arêtes saillantes. Ils sont non seulement peu esthétiques, mais procurent aussi un désagréable sentiment d'insécurité.

Les décors au pochoir

Amusez-vous à personnaliser votre déco à l'aide de pochoirs. Vous pouvez les acheter tout faits ou les réaliser vous-même en décalquant un dessin que vous reproduirez sur du carton épais ou du plastique rhodoïd (magasins de beaux-arts ou de loisirs créatifs). Ensuite, posez la forme sur le mur et à l'aide de peinture en bombe (ou de peinture normale si vous utilisez une petite brosse), remplissez l'espace. Ôtez le cache, et voilà ! Vous pouvez ainsi réaliser des frises (c'est-à-dire un même motif qui court tout le long d'un mur), ou recouvrir un mur entier comme s'il s'agissait de papier peint. Vous pouvez également vous servir de lettres ou de chiffres pour composer des messages ou apposer de gros numéros sur chaque porte, par exemple.

Conseils. Dans les magasins de peinture ou de loisirs créatifs, vous trouverez de jolis pochoirs aux modèles très divers (étoile, fleur de lys, fleurs ou fruits divers...). Réalisés en plastique ou en métal, ils seront plus faciles à utiliser et vous permettront de réaliser un travail plus propre sur la durée qu'avec un carton découpé par vos soins (réservez cette technique artisanale à des petites séries). Choisissez des formes simples dont vous vous lasserez moins vite que des motifs plus compliqués ou plus marqués (les petits nounours, c'est très mignon, mais pas indéfiniment...).

Pour aller plus vite, utilisez de la peinture en bombe.

Sachez enfin que cette opération peut s'avérer longue et fastidieuse. Il faudra donc vous armer de patience !

Les détails

Les meubles de l'entrée et du couloir sont souvent limités, par manque de place. Certains sont néanmoins indispensables, comme une petite console pour poser ses clés, ou quelque chose permettant d'accrocher ses vêtements ; d'autres, en revanche, restent purement décoratifs. À vous de mixer le tout judicieusement.

Les vases

La touche finale

Touches finales d'une déco réussie, les fleurs fraîches doivent impérativement être mises en valeur dans un beau contenant. Mais les vases ne sont pas destinés au même usage.

• ***Les vases en verre.*** Ce sont les plus répandus. Avantages : ils existent dans toutes les tailles et dans toutes les formes (droite, évasée, ronde, etc.). Inconvénients : l'eau est apparente, et comme elle a tendance à verdir au fil des jours, sa vision n'est pas toujours très appétissante. Il faut donc la changer souvent. Ce n'est cependant pas vrai avec toutes les fleurs (préférez donc les tulipes ou les roses aux marguerites...). Vous pouvez néanmoins décider de réserver les vases transparents aux longues branches de bois sec.

• ***Les vases en terre cuite.*** Unis ou garnis de motifs peints ou en relief, ces vases sont légion. Avantages : ils sont très décoratifs, mais attention à les assortir à votre style de déco. Inconvénient : ils masquent l'eau et du coup, vous avez toutes les chances d'oublier de la changer, et donc de voir vos fleurs mourir prématurément. Du fait de leur poids, on les trouve rarement dans des grandes tailles.

• ***Les vases en inox.*** De style design ou Art déco, ces vases ont l'avantage d'avoir un très bel aspect et reflètent joliment la lumière. Inconvénients : ils se cabossent au moindre choc. Ils existent dans des tailles assez modestes et ne permettent pas non plus de se faire une idée sur l'état de l'eau.

• ***Les autres matières.*** En pierre ou en galets taillés dans la masse, en plastique ou recouverts de cuir, ces vases ont en général un style bien marqué.

Les meubles

Des trucs à savoir

● Si vous refaites la déco de l'entrée et du couloir, ne négligez pas les poignées de porte. En effet, leur aspect ne s'adapte pas forcément au nouveau style que vous avez adopté. Si votre style est un peu rétro, choisissez des boutons en porcelaine blanche. Passe-partout, ils se marieront parfaitement à tous les styles de déco un peu classiques.

Dans une ambiance plus moderne, préférez l'alu brossé ou chromé, en forme de bec-de-cane, ou un gros bouton en alu, à la fois esthétique et très agréable au toucher. Dans une déco rustique, optez pour les effets cuivrés et les poignées ouvragées.

Et si vous aimez les ambiances baroques, offrez-vous des pièces uniques, réalisées à la main dans des formes originales. Il existe tellement de sortes de poignées que vous aurez même parfois du mal à choisir; vos préférences seront alors sûrement orientées par les prix qui peuvent vite s'envoler si vous avez besoin de plusieurs poignées.

Un conseil: évitez les poignées « à thème », par exemple une étoile de mer bleu azur pour la salle de bains, un nounours pour la chambre des enfants... C'est à la fois passé de mode et vraiment pas indispensable. Mieux vaut jouer l'unité en utilisant les mêmes poignées pour toutes les portes.

ESPRIT RÉCUP'

Si vous désirez changer les poignées d'une vieille commode à moindres frais, achetez une bobine de grosse ficelle (ou cordelette) en fibres naturelles. Enlevez les anciennes poignées.

Coupez autant de longueurs de ficelle que vous avez de poignées à remettre (en faisant quelques essais pour obtenir la bonne taille, comptez environ 20 cm pour chaque poignée), glissez ensuite les deux extrémités de la cordelette dans les trous occupés par les vis des anciennes poignées, puis nouez solidement les extrémités de la ficelle à l'intérieur des tiroirs.

Ces « poignées » seront encore plus jolies si vous avez peint le meuble en vert bronze, mastic ou beige foncé, ou s'il a été totalement décapé, puis très légèrement lasuré en blanc. Vous pouvez aussi décliner cette astuce sur les portes des placards dans les chambres ou la cuisine.

Dès que la ficelle commence vraiment à se salir, reprenez votre bobine et redécoupez de nouvelles poignées !

Sous l'escalier...

Pour habiller le dessous d'un escalier et multiplier les points de rangement, rien de tel que les caissons modulables. Disponibles dans une large gamme de couleurs et de styles, ils se marieront parfaitement à votre intérieur et permettront de ranger livres, CD ou bibelots. Attention, un petit peu d'ordre s'impose: il ne s'agit pas de transformer cette zone en débarras ! Si cela vous semble au-dessus de vos forces, optez pour des caissons fermés; ni vu ni connu !

Et si vous préférez y installer un confortable canapé, ne vous gênez pas !

Vous rêvez d'une commode ancienne superbranchée, vous avez deux options : soit vous l'achetez toute faite, soit vous la customisez vous-même... À vous de choisir !

■ Pratique et chic

Chaque chose à sa place !

Bien que les lieux soient de dimensions modestes, l'entrée et le couloir sont tout de même souvent assez grands pour accueillir quelques meubles ; mais comme la marge de manœuvre pour les placer reste assez limitée, il faut les destiner à des fonctions bien précises.

L'ancien revisité

Explorez les brocantes, allez voir vos grands-mères... ou rendez-vous dans les magasins de meubles ultrabranchés, et rapportez tous les meubles anciens ou les copies que vous pourrez trouver.

De la chaise médaillon Louis XVI, avec ses pieds bien droits, au fauteuil Louis XV, plus en rondeurs, en passant par les commodes garnies de ferronnerie, le mobilier d'aujourd'hui se la joue grand style ! Bien sûr, ces chaises ou ces fauteuils ont délaissé la soie brodée au profit du cuir noir ou du skaï orange – quand ils ne sont pas entièrement en plastique –, leurs pieds s'habillent de blanc ou de rose en fonction de leur tissu, et les commodes arborent des damiers façon Arlequin...

Relookés de la sorte, ces meubles au charme désuet prennent d'un seul coup une ampleur et un intérêt inattendus. N'hésitez donc pas à craquer, ils vont avec tout !

Les meubles

Des trucs à savoir

- Pour habiller joliment des branches de bois, agrémentez-les de petits oiseaux en plumes ou de papillons en papier; n'en mettez quand même pas trop, deux ou trois de chaque suffisent.
- Si vous aimez vraiment la forme de l'un de vos vases, mais que vous détestez son motif, peignez-le entièrement ! Utilisez bien sûr une peinture adaptée à sa matière (verre, céramique...). Vous trouverez ce qu'il vous faut dans les magasins de bricolage.
- N'attendez pas que l'eau des fleurs soit croupie pour la vider. L'idéal est de la changer tous les jours ou tous les deux jours.
- L'association du moderne et de l'ancien est toujours sympa en déco. Jouez-en avec parcimonie et ne privilégiez que quelques belles pièces !
- Pour relooker vos meubles, pensez à utiliser de la peinture en bombe ! Très facile à appliquer, elle existe dans des couleurs très sympas. Pensez aussi à utiliser MA peinture préférée: la peinture antirouille, qui donne à vos meubles l'aspect de meubles en métal ou en acier.

ESPRIT RÉCUP'

Si vous avez pu vous procurer une commode ancienne et que vous voulez lui redonner une seconde jeunesse tout en étant hypertendance, vous pouvez procéder de plusieurs façons.

Le ponçage. Si vous souhaitez redonner au bois un aspect brut et authentique, poncez-le soigneusement (vous pouvez néanmoins laisser quelques écailles de peinture ça et là pour lui donner un aspect « vécu »). Pour que le bois conserve sa belle couleur claire, ne le cirez pas et ne le vernissez pas non plus (même avec un vernis mat, qui altérerait sa couleur). Vous pouvez cependant légèrement la lasurer de blanc. Sachez tout de même que la moindre tache y pénétrera irrémédiablement.

La peinture. Si vous en avez assez de cette commode caramel surmontée d'un plateau en marbre saumon, n'hésitez plus: peignez-les. Avant de vous lancer, demandez tout de même conseil à un revendeur de peinture qui vous indiquera les produits les plus adaptés. Sachez que vous aurez certainement besoin de poser une couche d'apprêt pour que la nouvelle peinture adhère bien. Si la commode possède des ferronneries, enlevez-les avant de peindre (mais ne rebouchez pas les trous servant à maintenir leurs clous ou leurs vis !) ; vous les replacerez soigneusement quand la nouvelle couleur sera bien sèche. Pour un effet spectaculaire, peignez la commode en laque rouge, blanche ou noire. Pour plus de sobriété, choisissez des tons sourds (kaki, taupe, mastic ou gris ultrafoncé) en version satinée. Pour varier les effets, vous pouvez peindre le meuble dans une couleur et le plateau dans le même ton, mais plus foncé. Si vous vous en sentez capable, n'hésitez pas à habiller votre commode de larges rayures (au moins 15 cm) : associez par exemple un gris perle et un gris bleu, un vieux rose et un mastic, ou un bleu canard et un vert anis soutenu.

La peinture et le papier. Pour un effet très graphique, collez du papier peint ou des chutes de papier de votre choix (journaux, magazines anciens, papiers décoratifs...) sur la façade et les flancs de la commode (à l'aide d'une colle spéciale disponible dans les rayons de loisirs créatifs) et peignez le plateau dans une teinte assortie (toujours avec une peinture adaptée à sa matière).

Les détails

La plupart du temps, le sol de l'entrée et du couloir est soit en carrelage (dans les maisons), soit en parquet (dans les appartements) ; ce n'est pas par hasard, car le revêtement de cet endroit de passage par excellence a besoin d'être à la fois solide et facile à entretenir. Vous pouvez quand même en améliorer l'aspect.

Égayez votre couloir en y accrochant des photos ou en installant une bibliothèque. Il vous paraîtra tout de suite beaucoup plus sympa !

■ Paillassons

Belle entrée en matière

Le paillasson est souvent la première chose que l'on découvre en venant chez vous. Uni ou imprimé, en plastique ou en fibres de coco, vous avez toute latitude pour offrir à votre porte le tapis qu'il lui faut.

• ***Les paillassons en coco.*** Ce sont les plus classiques. On les trouve en version unie (la plus simple) ou imprimée de divers motifs, rectangulaires ou en demi-lune. Leur prix varie selon la taille, mais reste très abordable (de 15 à 40 €). Principal inconvénient : ils perdent leurs poils très facilement et il faut les changer régulièrement.

• ***Les paillassons antipoussière.*** Réalisés en matière synthétique (polypropylène), ces paillassons à l'aspect moquette retiennent à la fois les poussières et l'humidité. Solides et efficaces, on les trouve en plusieurs largeurs, mais leurs coloris sont assez limités. Ils peuvent être bordés de caoutchouc et se placent aussi bien dehors qu'à l'intérieur (d'une véranda, par exemple). Leur prix varie de 10 à 40 €.

• ***Les paillassons nouvelle génération.*** Imitant des grilles en fer forgé, ces paillassons fabriqués à base de pneus recyclés possèdent une surface floquée en Nylon, très résistante et assez rugueuse pour bien essuyer les semelles encrassées. Ils sont à la fois solides, imputrescibles et faciles à nettoyer. Comptez de 25 à 30 €.

• ***Les grilles en fer forgé.*** Elles permettent de racler les chaussures boueuses, mais ne les sèchent pas. Elles doivent donc être couplées à un paillasson classique.

Des trucs à savoir

- Vous pouvez mettre un tapis dans l'entrée, mais veillez à ce qu'il ne gêne pas l'ouverture de la porte. Préférez-le tout de même avec des poils relativement ras, car même si l'on s'est frotté les pieds sur le paillasson, les chaussures ne sont pas toujours très propres et cette saleté s'incrusterait davantage dans un tapis épais. Quel que soit le modèle, aspirez-le régulièrement.
- Si vous avez envie de peindre un motif sur le sol de l'entrée ou du couloir, mais que vous avez peur de l'abîmer en marchant dessus, réalisez seulement des bandes latérales aux endroits les moins fréquentés.
- Si vous désirez changer le revêtement de votre entrée ou de votre couloir, choisissez de préférence un matériau solide et facile à nettoyer.

Si le parquet reste l'option la plus esthétique qui remplit parfaitement les conditions d'entretien et de solidité, vous pouvez également installer un sol vinyle (voir pages 73 et 91).

Pour un coût modeste, vous pourrez ainsi transformer l'aspect de ces pièces en jouant sur la vaste gamme de couleurs et de matières proposées dans ces revêtements conçus spécialement pour résister à une circulation intense.

QUELQUES BONS MOTIFS DE DÉCO

Vous rêvez de décorer le sol de votre entrée ou de votre couloir ou encore les contremarches de votre escalier d'un joli motif géométrique, d'un damier noir et blanc ou d'un gros cercle rouge. À vos pinceaux !

Vos désirs ne pourront cependant devenir réalité que si votre sol remplit les conditions nécessaires à son embellissement.

En effet, qu'il s'agisse de carrelage ou de plancher, il doit être poreux pour bien absorber la peinture (impossible, donc, de travailler sur du parquet vitrifié, du carrelage émaillé ou des sols stratifiés). En ce qui concerne la peinture, hors de question d'utiliser la même que celle des murs, car vous courez droit à l'échec. Les grandes marques ont largement planché sur le sujet et proposent désormais des peintures spécial sol extrêmement résistantes et disponibles dans de très nombreux coloris. En outre, alors qu'elles n'existaient jusqu'à peu qu'en version glycéro, on trouve désormais des peintures acryliques pour sol, à l'odeur beaucoup plus discrète (voir page 12).

Vous n'avez plus qu'à laisser parler votre imagination (et l'adhésif de masquage, voir page 47) pour réaliser les motifs de votre choix.

Les tapis de couloir

Si le parquet de votre couloir est abîmé ou, plus simplement, s'il grince au moindre pas, n'hésitez pas à le recouvrir d'un tapis spécialement prévu à cet usage.

Avantages. Vendus au mètre, ces tapis mesurent un peu moins de 70 cm de large et s'adaptent à tous les couloirs. On les fixe soit avec de l'adhésif double face, soit avec un film antidérapant. Ils sont très doux aux pieds et amortissent vraiment bien les bruits.

Inconvénients. La gamme des modèles prêts à poser reste assez limitée, tant dans les couleurs (unies) que dans les imprimés, et leur prix est relativement élevé (entre 10 et 50 € le mètre linéaire). Il existe bien sûr des modèles sur mesure, mais ils sont encore plus chers.

Les portes d'entrée ne sont pas toujours très jolies. En plus, elles sont parfois mal isolées et laissent passer de désagréables courants d'air dans la maison. Une solution simple et efficace pour ces petits désagréments : les rideaux.

Pour une entrée douillette, calfeutrez la porte avec un lourd rideau de velours. Effet cocooning garanti !

■ Rideaux de porte

Priorité aux belles matières

Pour obtenir une protection efficace contre le froid, mais aussi contre le bruit souvent présent dans les immeubles, mieux vaut privilégier les matières lourdes et épaisses.

Champion toutes catégories, le velours ! Son aspect doux et moelleux, son tomber parfait, ses couleurs splendides soulignées par des reflets moirés donneront à votre entrée un air à la fois chaleureux et théâtral.

Vous pouvez opter pour des rideaux prêts à poser ou acheter un métrage aux dimensions de votre porte. Velours uni, côtelé ou frappé, vous avez l'embarras du choix et tout est question d'aspect.

Le velours uni, quelle que soit sa couleur, s'adapte à toutes les décos. Le velours côtelé sera plus à son aise dans une ambiance sobre ou masculine ; optez alors pour des tons camel, chocolat ou mastic et n'hésitez pas à prendre des côtes assez larges. Le velours frappé, le plus moiré de tous, prend toute son ampleur dans des coloris allant du prune au violet en passant par le rouge bordeaux et le bleu-vert ; à réserver aux atmosphères cosy, voire un peu chargées.

?

La fixation

Sur une porte d'entrée, il vous suffit de fixer une tringle, puis d'y accrocher le rideau. Vous pouvez la choisir en bois ou en métal, selon le type de rideau et d'accrochage que vous avez prévu.

Autre option : le filin en acier (voir page 35), à réserver aux tissus légers.

Mais attention, si la porte est blindée, ce type d'accrochage peut s'avérer problématique. Vous avez alors la possibilité de placer la tringle sur le mur, au-dessus de la porte. Mais veillez à ce que la tringle soutenant le rideau s'ouvre en même temps que la porte !

Il existe des systèmes spécialement conçus à cet effet, renseignez-vous dans les grandes surfaces de bricolage ou chez les revendeurs spécialisés.

Les rideaux

Des trucs à savoir

- Vous pouvez alterner les rideaux selon les saisons: du velours bien épais pour l'hiver et du lin ou du coton pour l'été.
- Vous n'êtes pas obligé d'installer des rideaux sur la porte ! Vous pouvez aussi supprimer les portes du salon et les remplacer par des rideaux de fils (voir page 57) ou des modèles en perles ou en pastilles colorées. Ces derniers peuvent également servir de séparation entre deux parties distinctes d'une même pièce (salon et salle à manger, par exemple, ou entre deux lits), ou encore agrémenter de manière amusante une fenêtre un peu triste.
- Assortissez toujours le tissu de la porte d'entrée à l'ambiance générale de la pièce.
- En installant un rideau sur la porte d'entrée et un boudin à ses pieds, vous gagnerez l'hiver plusieurs précieux degrés à l'intérieur de la maison.
- Choisissez la couleur et le tissu de votre boudin de porte en fonction de votre déco. Le mieux est qu'il soit le moins visible possible.

Si vous ne trouvez pas de housse qui vous convient, réalisez-la vous-même dans le même tissu que celui du rideau.

- Pour éviter de remettre votre boudin en place sans arrêt, fixez-le à la porte à l'aide de petits crochets.

POUR L'ÉTÉ, PENSEZ AUX RIDEAUX DE PORTE

Vedettes des années 1950 et 1960 dans leur version bouchons multicolores et perles en bois, les rideaux de porte étaient vraiment tombés en désuétude. C'est aujourd'hui leur grand retour dans des versions un peu plus sophistiquées.

• *Les rideaux en perles.* Transparentes ou multicolores, les perles ont l'avantage de tinter agréablement lorsqu'on les manipule. Réalisées en plastique, elles ne craignent pas les chocs et laisseront passer une douce lumière qui se reflétera joliment dans leurs facettes.

• *Le plastique moulé.* Pastilles multicolores, opaques ou translucides, de toutes les formes et de toutes les tailles, carrées ou rectangulaires, ajourées... tout est possible ! Vous pouvez ainsi transformer votre porte d'entrée en annexe de discothèque ou rappeler les grandes heures de Paco Rabanne avec des petites boules à facettes argentées ou des dizaines de pastilles chromées. À réserver aux ambiances pop ou design.

• *Les matières naturelles.* Pour un esprit plus champêtre, optez pour des cordes fines soutenant des petites fleurs taillées dans du bois naturel, un rideau de perles en bois d'olivier ou des cordelettes ponctuées de fleurs en tissu. Dans une version plus sophistiquée, choisissez un rideau constitué d'un encadrement de porte en tissu et d'un pan amovible.

• *Mon chouchou*: le rideau de camouflage (surplus militaires) à placer à l'extérieur de la maison (plutôt contre des grandes baies vitrées) sur des filins en acier. Il saura à la fois tamiser la lumière et vous protéger des regards indiscrets. Comme il résiste aux intempéries, pas la peine d'encombrer l'intérieur de la maison avec ce rideau qui, une fois replié, prend pas mal de place. En l'installant à l'extérieur, vous pourrez aisément le replier à gauche ou à droite de la baie vitrée, ce qui le rendra invisible du salon.

Le prix de ces rideaux est très raisonnable (de 15 à 50 €), mais ils sont assez fragiles. Demandez donc aux fans de Tarzan d'éviter de se pendre après...

ESPRIT RÉCUP'

Vous pouvez réaliser vous-même un rideau top tendance et vraiment pas cher !

Pour cela, procurez-vous une branche d'arbre assez droite, de la largeur de la porte, et autant de chutes de tissu que vous pouvez (choisissez de préférence des cotonnades imprimées). Assurez-vous que la longueur du tissu correspond bien à celle de la porte, et découpez dans les étoffes des lanières d'environ 5 cm de large.

Au fur et à mesure, nouez ces lanières sur la branche (ou agrafez-les) en alternant les motifs et les couleurs.

Une fois le rideau terminé, fixez-le au-dessus de la porte et laissez le vent jouer avec ces bandes multicolores.

Un vestibule mal éclairé, un couloir un peu glauque… Pour vous réconcilier avec eux, faites entrer la lumière ! Vous allez voir, c'est très simple : il suffit de jouer avec les emplacements et les types de lampe pour transformer la pièce.

Variez les sources de lumière et pour être top tendance, n'hésitez pas à marier les styles. Lâchez-vous !

■ Le choix

Plafonnier ou lumière indirecte ?

D'une manière générale, on trouve souvent des points de lumière sur les plafonds des entrées et des couloirs. Reste à savoir s'il vaut mieux privilégier leur éclairage ou celui distribué par des lampes posées sur des meubles ou par des appliques murales.

• ***Le plafonnier.*** S'il est alimenté par des ampoules classiques, sa lumière peut être un peu juste, voire insuffisante ; s'il est muni d'ampoules halogènes, la lumière sera plus vive (voir page 111). Dans les deux cas, cet éclairage sera peu flatteur au teint.

• ***Les lampes à poser.*** Elles sont un très bon complément au plafonnier. Placez-les sur les meubles, elles auront également un rôle décoratif, et si vous les placez contre un miroir, leur luminosité sera décuplée. Un conseil : pensez à les laisser allumées lors de vos soirées. Elles diffuseront une petite lumière rassurante, et vos invités pourront retrouver le chemin de la sortie plus facilement.

• ***Les appliques murales.*** Elles se présentent à l'unité, voire couplées (deux abat-jour pour un même socle). On les fixe au mur, mais celui-ci doit au préalable avoir été muni d'une source électrique dans laquelle elles se branchent directement (pas question de voir leurs fils pendouiller…). Si elles sont en assez grand nombre, elles peuvent remplacer la lumière du plafonnier. Elles existent sous deux formes : celles qui possèdent des abat-jour et donc qui renvoient la lumière par le haut et par le bas, et celles qui ne diffusent la lumière que par le haut (généralement en forme de vasque). Ces dernières renvoient une lumière un peu plus froide, mais ont l'avantage de pouvoir se fondre complètement au mur si elles sont peintes de la même couleur. À vous de choisir.

L'éclairage

Des trucs à savoir

- Si votre couloir est très long, répartissez plusieurs suspensions sur toute sa longueur. Veillez à les choisir de telle sorte que l'on ne voit pas trop leur ampoule en levant la tête. Pour un résultat rapide et peu onéreux, installez plusieurs grosses lanternes en papier.
- Vous n'avez qu'un point lumineux central, mais aimeriez avoir deux autres sources de lumière, pas de problème ! Choisissez trois suspensions identiques, installez celle du centre et, à l'aide de dominos (rayons électricité des magasins de bricolage), ajoutez une longueur de fil de taille identique de part et d'autre; vous n'avez plus qu'à fixer les suspensions au plafond, et voilà ! Comme le fil va rester apparent, choisissez un modèle de la même couleur que celle du plafond, ou si vos suspensions sont un peu rétro, achetez du fil tressé à l'ancienne et laissez-le bien apparent. Si les travaux d'électricité ne sont pas votre fort, demandez conseil à un spécialiste.
- Si vous désirez profiter de la lumière des pièces annexes (sauf les chambres qui ont besoin d'intimité), remplacez les portes pleines par des portes vitrées. Si vous n'aimez pas les carreaux, choisissez des modèles munis de hublots.

LES INTERRUPTEURS

Il existe pratiquement autant de sortes d'interrupteurs que de styles de déco. N'hésitez donc pas à reléguer aux oubliettes les vieux modèles standard pour les remplacer par de nouveaux, aussi esthétiques que performants.

Si vous vivez dans un décor moderne, choisissez des modèles sobres, en alu brossé, noirs et carrés, en verre dépoli et blanc, en forme de triangle...

Pensez toujours qu'ils sont situés à une hauteur telle qu'ils sont pratiquement toujours visibles, quel que soit l'endroit de la pièce où l'on se trouve. Mieux vaut donc qu'ils se fondent le plus avec la couleur du mur. Vous pouvez néanmoins décider de les mettre en valeur comme s'il s'agissait de véritables objets de déco. Introduisez ainsi dans un lieu plutôt classique des modèles dorés, munis d'un petit clapet, des petits interrupteurs ronds à l'ancienne ou des modèles en porcelaine ou en marbre blancs.

Un conseil : lorsque vous refaites les peintures, prenez soin de tirer les interrupteurs un peu hors du mur et de les replacer quand la peinture est sèche : s'il a été peint, un interrupteur se salit beaucoup plus vite et devient alors très vilain !

RELOOKING EXPRESS

Pour réaliser un lustre à moindres frais, achetez des filaments de fleurs et de feuilles en métal (vendus en plaques prédécoupées) et entourez-les de manière informelle autour de l'ampoule suspendue au plafond. Vous obtiendrez en 5 minutes un lustre hyperdéco et vraiment original pour une somme très modique (environ 20 €).

Les pi

Qu'il s'agisse de la buanderie, des débarras, de la terrasse ou même du jardin, l'aspect de ces lieux est souvent délaissé au profit de celui des autres pièces. Inutile pour autant de grever le budget familial au profit d'objets de luxe : on va vous donner des idées et une mine de conseils qui vous aideront à redonner à ces pièces annexes leurs lettres de noblesse.

èces annexes

Vous sentez bien que quelque chose cloche… Quelques solutions simples et tout ira mieux !

- **Les murs.** Blanc cassé, ils sont en assez bon état.
- **Les meubles.** Un lave-linge, un sèche-linge, un séchoir à linge sur roulettes, un panier et une étagère en alu brossé constituent les seuls meubles de cette pièce.
- **Les sols.** Du carrelage beige en très bon état, c'est impeccable pour une buanderie.
- **L'éclairage.** Un globe en verre dépoli éclaire assez faiblement la pièce.

Les murs

Pour redonner à la pièce un petit aspect net et propret, on peut la repeindre en blanc satiné acrylique (voir page 12), mais si les murs sont en bon état, ce n'est pas indispensable.

Les meubles

À cause des différentes prises de courant, impossible de changer les machines de place. On a simplement fait couper sur mesure un plan de travail en stratifié blanc qui les recouvre et qui court d'un mur à l'autre. C'est visuellement plus harmonieux et permet d'obtenir un nouvel espace pour poser des objets. Dans l'angle de gauche, sous le plan de travail, on a glissé le panier à linge sale ; au-dessus, un grand panier en osier recueillera le linge lavé et sec. Pour être vraiment chic, on a masqué le panier à linge avec un rideau blanc à gros œillets suspendu à une tringle. On supprime le séchoir à linge sur roulettes, mais pour garder un endroit où faire sécher les choses qui ne supportent pas le sèche-linge, on a fixé un séchoir télescopique sur le mur au-dessus des machines ; il suffira de

Budget D&CO

- étagères 40 € pièce
- panier à linge 30 €
- séchoir mural 40 €
- patères 5 € pièce
- suspension 90 €
- planche en stratifié blanc 50 € environ

Tous les prix sont donnés à titre indicatif.

l'ouvrir en cas de besoin (et vu qu'il ne gêne pas à cet endroit-là, il peut rester tout le temps ouvert, ce qui évite les manipulations). L'étagère remplie de produits divers et de boîtes de conserve passe sur le mur de gauche en rentrant. Afin d'obtenir des rangements supplémentaires, deux autres étagères du même type lui sont ajoutées (à côté et en angle). Une petite place est réservée à la planche à repasser et à l'aspirateur. Sur le mur de droite en entrant, on a fixé quatre patères sur lesquelles on pourra accrocher, par exemple, les vêtements de pluie, les parapluies, des sacs en plastique en réserve, etc.

Les sols

Rien à changer, le sol est parfait tel quel.

L'éclairage

Pour rappeler le côté alu brossé des étagères, on a installé une suspension faisant penser un peu aux luminaires industriels, qui donne un air plus sympa à la pièce et un meilleur éclairage.

Place au rangement

Si l'on n'y prend pas garde, la buanderie peut vite se transformer en grand bazar dans lequel vous aurez même du mal à mettre un pied. Pour éviter ça, optimisez et multipliez vos rangements, vous serez moins stressé et gagnerez un temps précieux.

Changez vos vieux paniers à linge pour des modèles chic et pêchus !

Les murs

Papier à peindre ou toile de verre ?

Lorsque l'on désire peindre une pièce mais que ses murs sont en mauvais état, on peut utiliser du papier peint, mais pas n'importe lequel.

• ***Le papier à peindre.*** Destiné aux murs pas trop abîmés, le papier à peindre est composé de polyester et de cellulose. Blanc, d'une surface lisse ou légèrement granulée, il est vendu en rouleaux. Sa pose est très simple : il suffit d'encoller le mur (voir pages 15) et de poser les lés les uns à côté des autres en les coupant au ras de la plinthe et du plafond. Avantage non négligeable, ils existent en très grande largeur (jusqu'à 106 cm), ce qui permet une pose rapide et facile. Ils sont en outre extrêmement bon marché (3 € le rouleau de 10 m en 53 cm de large). Une fois en place, il suffit d'attendre que le papier soit bien sec pour le peindre avec la peinture de son choix.

• ***La toile de verre.*** Idéale pour masquer et retenir les petites fissures ou les trous, la toile de verre présente une surface blanche agrémentée de losanges plus ou moins présents (à choisir selon vos goûts). Comme le papier à peindre, elle se pose directement sur le mur préalablement encollé et permet de recouvrir une pièce aussi vite que facilement. Une fois en place, il ne restera plus qu'à la peindre avec la peinture que vous souhaitez. Comptez environ 40 € le rouleau de 25 m en 1 m de large.

Les lampes industrielles

Avec la fermeture de nombreuses usines, on a vu arriver sur le marché toute une gamme de meubles et d'éclairages industriels.

Très prisés pour les lofts, ils apportent aux pièces une petite touche « technique » très sympa.

Comme ils restent néanmoins un peu difficiles à dénicher, les grandes enseignes de déco en ont copié quelques modèles que vous pourrez facilement vous offrir (comptez environ 10 € pour une simple suspension en tôle, jusqu'à 100 € pour une plus belle pièce).

La buanderie

Des trucs à savoir

- Pensez à installer un porte-tuyau pour aspirateur. Fixé au mur, il soutient le tuyau et les divers embouts qui ne traîneront plus au milieu du chemin. Vous pouvez aussi y ranger ou y suspendre les sacs ou d'autres accessoires.
- Plutôt que de poser la table à repasser au sol où elle n'est jamais en position très stable une fois repliée, accrochez-la sur deux pitons fixés au mur ; si vos talents de bricoleur vous le permettent, surmontez-la d'une petite étagère sur laquelle vous pourrez ranger le fer à repasser. Vous aurez ainsi tout sous la main.
- Si le panier à linge n'est pas bien aéré, pensez à laisser le couvercle entrouvert, surtout si le linge qu'il contient est humide.
- Si vous désirez installer un séchoir parapluie sur une terrasse, enfilez sa tige dans un pied pour parasol. À éviter si votre terrasse est vraiment très exposée aux vents.

LES SÉCHOIRS À LINGE

Même si vous avez la chance de posséder un sèche-linge, vous avez forcément besoin de temps en temps d'étendre quelques vêtements. Plusieurs solutions s'offrent à vous ; optez pour celle qui convient le mieux à votre pièce.

• ***Les séchoirs extensibles.*** Ils sont constitués de plusieurs barres d'acier traitées antirouille, de 60 à 90 cm de large. Ils se plient et se déplient comme un accordéon. Une fois repliés, ces séchoirs occupent peu de place. Ils peuvent accueillir jusqu'à 20 kg de linge. Comptez environ 60 €.

• ***Les séchoirs à enrouleur.*** Ouverts, ils sont constitués de deux larges tiges en métal entre lesquelles sont tendus plusieurs fils, le tout étant maintenu par un socle en métal fixé au mur ; pour les fermer, il suffit de débloquer les fils qui retrouveront leur place contre le mur et de replier les deux montants en acier. Ils existent également dans une autre version : les fils reposent dans un socle fixé au mur et, une fois étendus, ils sont maintenus dans un autre socle fixé sur le mur opposé ; cette version permet d'étendre un peu plus de linge que la précédente. Selon les modèles, ils coûtent de 15 à 60 €.

Attention : ces deux types de séchoir se fixent dans le mur. Il faut donc employer des vis et des chevilles très solides car le linge mouillé est vraiment lourd ; n'hésitez pas à demander de l'aide à un bricoleur confirmé !

• ***Les séchoirs sur pied.*** Ils existent en différentes tailles de base, mais sont souvent extensibles ; leur encombrement est limité si l'on n'ouvre pas tous leurs pans. Mais s'ils sont complètement dépliés, ils peuvent devenir assez encombrants. En outre, les ouvrir correctement relève souvent de l'exploit ! Ils constituent néanmoins un bon appoint et occupent peu de place lorsqu'ils sont repliés. Leurs prix varient de 25 à 100 €.

• ***Les parapluies.*** Ces séchoirs s'ouvrent comme un parapluie à l'envers. Ils peuvent accueillir beaucoup de linge, mais leur tige centrale doit être solidement ancrée au sol. Leur usage est donc réservé à l'extérieur, dans le jardin.

Leur prix dépasse généralement les 100 € pour un modèle correct.

Les paniers à linge

Qu'ils contiennent le linge propre ou le linge sale, les paniers sont top pratiques dans une buanderie qui se respecte. Ils se présentent en différentes formes et différentes matières.

• Les paniers en plastique rigide. On les trouve dans toutes les grandes surfaces. Ils sont munis d'un couvercle, mais leurs flancs et leurs façades sont légèrement ajourés pour laisser circuler l'air ; ils sont très pratiques, mais pèchent un peu au niveau esthétique.

• Les paniers en osier. Garnis ou non d'une housse en tissu, ils sont très chics. Surmontés d'un couvercle dans leur version ronde, ils se présentent également sous forme de grandes panières munies de poignées. En raison de leur fabrication souvent artisanale, leur prix sont parfois élevés (de 15 à 50 €).

• Les paniers en tissu. Montés sur une structure en bois ou en métal, les paniers en tissu ne possèdent généralement pas de couvercle ; mieux vaut choisir les modèles sur roulettes, plus faciles à manipuler.

• Les paniers pop-up. Ils sont constitués d'un tissu tendu sur une spirale en métal. En la faisant pivoter, vous repliez le panier pour le transformer en quelques secondes en une grosse galette de quelques centimètres d'épaisseur. Ils sont intéressants si l'on n'a pas beaucoup de place et que l'on a souvent des paniers vides… À cause de leur structure, ils sont un peu plus petits que les autres. En revanche, ils ne sont pas chers (environ 15 €) ; vous pouvez donc en prendre plusieurs.

Notre chouchou, le gros seau noir en pneu recyclé, joliment surpiqué de blanc avec ses deux grosses poignées, très pratique et supertendance (à partir de 25 €).

Vous sentez bien que quelque chose cloche… Quelques solutions simples et tout ira mieux !

- **Les murs.** Le mur de la maison est en crépi beige. Il s'harmonisera très bien avec le nouveau décor.
- **Les meubles.** Une grande table en plastique vert et des chaises assorties, un petit barbecue et un bac à sable en plastique, voilà l'ensemble du mobilier de la terrasse.
- **Les sols.** Un carrelage marron flammé, vous aimeriez du nouveau.
- **L'éclairage.** Deux points électriques existent, mais ils n'ont pas encore été exploités.
- **Les végétaux.** Un rosier dans un pot sépare la porte-fenêtre du salon de la porte de la cuisine.

Les murs

On ne change rien, le but n'est quand même pas de repeindre entièrement la maison…

Les meubles

Le plastique a vécu ; place aux matières naturelles ! On a donc opté pour du teck. Une table et six chaises ont été installées en face de la cuisine pour le côté pratique et afin de ne plus masquer la vue lorsque l'on est dans le salon. La table est surmontée d'un parasol blanc cassé muni d'un pied en teck. Pour prendre en toute tranquillité un repos bien mérité, une méridienne, elle aussi en teck, a trouvé sa place à l'angle opposé de la table, face à la porte-fenêtre du salon. Des coussins blanc cassé accompagnent le tout. Dans le but d'obtenir une atmosphère plus intime et de masquer la terrasse des regards indiscrets, on a installé des grands bacs en bois plantés de bambous. Ils n'ont pas été disposés dans le même alignement entre le salon et la cuisine afin de ménager un espace où loger et masquer le barbecue ; l'ancien

Budget D&CO

- Appliques extérieures 30 € pièce
- table et chaises en teck 1 300 € • méridienne 170 €
- coussins 150 €
- barbecue 170 €
- bacs à plantes 160 € pièce
- dalles en teck, voir page 140

Tous les prix sont donnés à titre indicatif.

Après

modèle, qui avait vécu, a cédé la place à un nouveau dont la forme ronde et le couvercle permettent une cuisson optimale des aliments. Si on ne peut pas jouer sur la largeur de la terrasse pour masquer le barbecue, il suffit de le mettre dans un coin. Quant au bac à sable, il a été supprimé.

Les sols

Le carrelage a été recouvert de dalles de teck et on en a profité pour élargir la terrasse de manière significative.

L'éclairage

Sur les deux sorties électriques, on a placé des appliques spécial extérieur (en verre dépoli et teck), qui apportent une lumière bienvenue. L'été, on pourra compléter par des bougies placées dans de jolis photophores transparents ou colorés.

Les plantes

Des bambous ont été plantés, car, grâce à leur feuillage persistant, on conserve un sentiment d'intimité été comme hiver (voir page 144, conseils et entretien). Entre la cuisine et le salon, le rosier un peu tristounet et parfois dangereux pour les enfants a été remplacé par un chèvrefeuille au feuillage persistant qui s'accrochera petit à petit au mur et distribuera un parfum délicieux dès le printemps.

Un lieu d'exception

Vous ne possédez qu'un minuscule bout de verdure ou une terrasse en haut d'un immeuble... Vous n'avez pas encore les moyens d'aménager tout le jardin en y faisant des plantations coûteuses, mais vous désirez créer un espace chaleureux et vous protéger des voisins... Suivez ces quelques conseils : charme et intimité garantis !

La terrasse est un vrai prolongement de votre maison, pensez donc à la décorer avec autant de soin !

Le sol

Solution bois

Finis les carrelages tristes et glissants, place au bois ! Matériau idéal pour son côté chaleureux et décoratif, le bois envahit désormais terrasses et autres parcelles de jardin.

Il faut dire qu'il en existe pour tous les goûts : exotique (teck, ipé) ou classique (pin sylvestre), en grandes lames, dalles ou caillebotis (ces petites dalles carrées prêtes à poser), à vous de choisir. Un bon moyen de limiter vos hésitations et canaliser vos choix : les prix, qui varient de 7,50 € à 600 € le m^2...

Quelle que soit votre option, il est indispensable de bien préparer le terrain sur lequel le plancher va reposer. Il est plus sûr de demander conseil à des professionnels pour réussir parfaitement la pose !

Une fois en place, ce matériau – bien que très résistant – a besoin d'être nourri deux fois par an avec une huile adaptée. Si vous n'appréciez pas la couleur grise que prend notamment le teck au fil des ans, il suffit de lui appliquer du « dégriseur de bois » (jardineries et magasins de bricolage), puis de l'huile de soin (à renouveler chaque année).

Si, en revanche, vous aimez la patine grise, laissez le bois tel quel et ne l'huilez pas, sinon, il deviendrait marron.

À noter : si vous avez de bonnes notions de bricolage, vous pouvez vous lancer dans la pose ; sinon mieux vaut faire appel à une entreprise spécialisée.

Une touche de nature

Si vous n'allez pas à la nature, la nature viendra à vous !

Les clichés d'herbes folles, de gouttes de rosée, de fleurs délicates ou de simples galets reproduits sur des coussins, des assiettes et autres sets de table donneront un petit air champêtre à la plus citadine des terrasses.

Et si le cœur vous en dit, rien ne vous empêche de les exposer à l'intérieur et d'offrir ainsi à votre déco un petit air d'été tout au long de l'année.

La terrasse

Des trucs à savoir

- Si vous mettez des bacs de plantes sur la terrasse d'un appartement, choisissez impérativement des modèles légers. En effet, le poids de la terre conjugué à celui de l'eau d'arrosage pourrait finir par mettre en péril la sécurité de l'ouvrage.
N'hésitez pas à vous renseigner auprès de la copropriété ou du constructeur de l'immeuble pour savoir exactement combien de kilos la terrasse peut supporter.
- Pour des raisons évidentes de sécurité, choisissez uniquement des appliques lumineuses destinées à un usage extérieur. Sinon, gare aux courts-circuits, voire aux électrocutions !
- Ne lésinez pas sur les coussins ! Plus vous en aurez et plus ils seront moelleux, plus vous aurez envie de profiter de votre terrasse.
- Pensez à rentrer tous les soirs les coussins qui s'humidifient toujours pendant la nuit. Vous les conserverez non seulement plus longtemps, mais éviterez ainsi une humidité mal placée… Vous pouvez soit les rentrer dans la maison, soit installer sur la terrasse un petit coffre dans lequel vous pourrez facilement les entreposer ; choisissez ce dernier dans une matière imputrescible.

ESPRIT RÉCUP'

Si vous en avez assez de votre salon de jardin en plastique, mais que vous n'avez pas les moyens ou l'envie de vous en offrir un nouveau, achetez des chutes de tissu fleuri multicolore et réalisez une nappe et des housses de coussin assorties.
Vous le trouverez tout de suite beaucoup plus gai et accueillant.

Les salons de jardin

Si vous aimez prendre vos repas sur la terrasse, pensez à investir dans un salon de jardin. En bois ou en plastique, voici quelques infos qui vous permettront de choisir !

- Les salons de jardin en bois. Autrefois réservés à une élite tant ses modèles étaient rares et chers, le teck s'est largement démocratisé. En outre, il existe désormais un grand nombre de bois exotiques imputrescibles qui permettent de réaliser de très beaux salons de jardin à un prix encore plus abordable ; ils n'auront cependant jamais l'aspect et la couleur incomparables du teck. Pour l'entretien des salons de jardin en bois, voir page ci-contre.
- Les salons de jardin en plastique. Le plus souvent disponibles en blanc ou en vert, ces salons de jardin sont peu à peu supplantés par leurs homologues en bois, beaucoup plus chaleureux d'aspect. Le plastique reste néanmoins le matériau le plus simple à entretenir (un simple coup d'éponge imbibée d'un produit d'entretien standard suffit), mais attention, il peut aussi être sujet aux moisissures !

Voir aussi page 145 pour d'autres conseils.

Vous sentez bien que quelque chose cloche… Quelques solutions simples et tout ira mieux !

- **Les murs.** On pourra facilement masquer cette clôture et ce mur peu esthétiques, voire abîmés.
- **Les meubles.** Quelques sièges en plastique réunis sous un arbre n'invitent pas toujours à la détente.
- **Les sols.** Élément essentiel du jardin, la pelouse est un peu « pelée » à certains endroits. Un entretien s'impose, mais cela en vaut la peine.
- **L'éclairage.** Il est réduit à sa plus simple expression : seule la lune apporte ponctuellement un peu de lumière…
- **La végétation.** Quelques arbres disséminés ça et là, pour la plupart au feuillage caduc, donnent au jardin un petit air austère dès qu'ils perdent leurs feuilles quand arrive l'hiver.

Les murs

Principale mission : les cacher ! Cette opération aura pour effet de masquer la clôture et le mur et de créer un cocon végétal protecteur et agréable à l'œil. Pour cela, choisissez en priorité des arbustes à feuillage persistant (bambous, photinias, orangers du Mexique, rhododendrons, camélias, etc.) que l'on dispose suivant leur taille et l'emplacement qui leur conviendra le mieux (type de terre, ensoleillement, etc.). On va tout de même planter quelques arbustes à feuilles caduques (lilas, cerisier du Japon, etc.) qui apportent des couleurs et des odeurs délicates dès le printemps tout en modifiant l'aspect du jardin en automne et en hiver ; cela évite la monotonie.

Les meubles

Sous le gros tilleul central qui donne en été une ombre très appréciée, on a remplacé les fauteuils en plastique peu accueillants par des chaises longues recouvertes d'un tissu aux rayures bayadères ; elles égayent le jardin tout en s'y harmonisant parfaitement.

Les sols

Pour redonner un bel aspect à la pelouse, on a réensemencé les parties dénudées. Une fois que le nouveau gazon

Budget D&CO

- chaises longues 40 € pièce
- spots, 15 € pièce
- lanterne, 40 €

Tous les prix sont donnés à titre indicatif.

Après

aura bien poussé, une tonte générale égalisera et harmonisera le tout. Pour donner une perspective, des pas japonais en pierre claire relient désormais la maison au tilleul et à l'espace repos.

L'éclairage

Ça et là, on a disposé des spots fonctionnant à l'énergie solaire, qui emmagasinent la lumière du jour et éclaireront de manière très satisfaisante les plantes et les endroits que l'on aura choisi de mettre en valeur. Mais pour une touche un peu plus chaleureuse, n'hésitez pas à rajouter une petite lanterne illuminée par une bougie.

La végétation

On a planté plusieurs arbustes à feuillage persistant qui vont à la fois masquer la clôture et conserver au jardin un petit air pimpant en hiver. Inutile de les acheter grands, une ou deux saisons leurs suffiront pour atteindre une taille respectable.

Place à la verdure

Quelle que soit sa taille, un jardin ne prend vraiment toute sa dimension que s'il est bien fourni en végétaux et, surtout, bien entretenu. Avant de vous lancer dans les plantations, pensez à étudier deux données essentielles : la topologie et l'ensoleillement du lieu.

Une petite sieste ou la lecture d'un magazine dans une chaise longue, c'est pas top ? Si ça vous tente, suivez nos bons plans !

Les bambous

Élégants, légers et aériens

Il en existe environ 1 500 sortes différentes, mais seules quelques espèces se plaisent et prolifèrent dans nos climats tempérés. Contrairement à ce que l'on pourrait penser, le bambou fait partie de la famille des graminées, à l'instar de l'herbe ou du blé. Il se reproduit par rhizomes, des tiges souterraines qui courent à quelques centimètres sous la terre. Sur ces rhizomes se forment des nœuds qui pourront soit donner un turion (sorte de grosse asperge qui sort de terre au printemps et formera une nouvelle tige à l'extérieur), soit servir de nouveau point d'ancrage souterrain à la plante.

La tige du bambou – qui sert notamment à réaliser des tuteurs – se nomme le chaume. Selon les espèces, il peut mesurer jusqu'à 10 m de haut. Les bambous de nos jardins dépassent cependant rarement les 2 ou 3 m.

Ce sont néanmoins les feuilles qui donnent au bambou toute sa majesté. Celles que l'on rencontre sous nos climats sont longues et fines, dans diverses nuances de vert. Leur principal intérêt réside dans le fait qu'elles sont persistantes, c'est-à-dire qu'elles ne tombent pas à l'automne. Vous pourrez ainsi en toute saison profiter d'une haie très esthétique et de plus en plus fournie. Car les bambous se multiplient tout seuls et très rapidement. Ce qui peut s'avérer être un avantage dans les premières années peut cependant poser quelques problèmes au fil du temps. En effet, il faudra dès le départ penser à limiter la zone de plantation avec une barrière antirhizomes (jardineries) afin de ne pas voir le jardin rapidement envahi par ces végétaux.

Des trucs à savoir

- Avant de craquer pour un arbuste ou une grande plante dans une jardinerie, demandez-vous déjà comment vous allez pouvoir la rapporter chez vous. Si elle ne rentre pas dans votre coffre, sachez que les frais de livraison sont assez élevés. Mieux vaudra peut-être louer ou emprunter une camionnette ou un break vous-même.
- Les plantations se font généralement à l'automne, mais vous pouvez déjà planter certaines espèces de végétaux dès la fin des gelées, au début du printemps.
- Pensez à bien entretenir votre jardin en le désherbant régulièrement, en supprimant les feuilles mortes et en taillant harmonieusement les arbres.
- Essayez le plus possible de ne pas utiliser de produits nocifs pour l'environnement. Vous pouvez également fabriquer vous-même votre compost en stockant les déchets dans des bacs spécialement prévus à cet usage.
- Pensez à faire des petites ouvertures dans les murs ou le grillage afin de laisser passer des petits animaux, notamment les hérissons, qui vous débarrasseront des espèces nuisibles de manière parfaitement écologique.
- Dès les premiers frimas, donnez à manger et à boire aux oiseaux ; ils vous réserveront un joli ballet quotidien et un festival de chants différents.

LES CHAISES LONGUES

Elles ont toujours un charme fou, surtout avec leurs nouveaux revêtements (rayures bayadères , tissus imprimés…), mais les chaises longues d'antan, si difficiles à déplier sans y laisser un de ses doigts, ont un peu vécu. Elles peuvent trouver leur place dans un petit jardin à l'aspect un peu désuet, abritées sous un gros arbre.

Pour agrémenter un coin de verdure au style un brin nostalgique tout en lui apportant une petite touche de modernité, vous pouvez désormais trouver des rééditions d'anciens modèles, déclinés dans des tons gais et acidulés. Notre préférence va sans conteste aux petites chaises du jardin du Luxembourg, à Paris, proposées notamment dans un rose bonbon irrésistible.

Pour une ambiance résolument plus moderne, optez pour les nouvelles matières issues de la recherche technologique. Présentées sous la forme d'une toile finement tressée et montée sur des piétements en aluminium traité anticorrosion, elles sont à la fois très souples (ce qui garantit une assise des plus confortables), indéchirables et imputrescibles (ce qui permet de les laisser dehors par tous les temps). Le plus souvent sorties de l'imagination de grands designers, elles feront beaucoup d'effet dans votre jardin.

Mais le top du top restent celles proposées en plexiglas sur le site www.aitali.com.

Elles sont colorées, originales et vont faire un carton auprès de vos amis ! En plus, il existe la version chaise et fauteuils et c'est « juste sublime » ! Si vous possédez déjà une table et des chaises en teck, complétez la collection avec une ou deux chaises longues que vous agrémenterez de gros coussins bien moelleux.

Les couleurs qui s'harmonisent le mieux avec le teck sont le blanc cassé, le brique et le vert anis ou pomme. Les prix de ces chaises varient de 25 à plus de 300 €. Sachez néanmoins qu'une seule très belle pièce donnera plus de cachet à votre jardin que plusieurs moins jolies et puis surtout, n'hésitez pas à poncer et repeindre vos vieux meubles dans les couleurs les plus délirantes ; ils retrouveront une deuxième vie. N'oubliez jamais ma devise :

NE JETEZ PAS ! RE-DÉ-CO-REZ !!!!

Soleil ou ombre ?

Si vous voulez des plantes bien fournies et en pleine forme, il faut les planter au bon endroit. En effet, un arbuste qui a besoin de plein soleil s'étiolera tristement si vous le plantez dans un lieu trop ombragé. À l'inverse, les plantes d'ombre risquent de griller littéralement si elles sont trop exposées aux rayons brûlants…

Avant de vous rendre dans une jardinerie, vérifiez donc bien comment sont exposés, à toutes les heures de la journée, les endroits où vous voulez réaliser des plantations. Ensuite, allez dans un magasin spécialisé et demandez conseil aux vendeurs.

Les avant

À vos marques... Prêts pour une transformation à tous les étages ? Partez, on s'occupe de vous !
Après quelques kilos de gravats dégagés, et des meubles plus trop dans le coup partis vivre sous d'autres cieux, nous avons prêté main-forte à plusieurs couples pour repenser et redécorer leur intérieur.
Grâce à quelques astuces toutes simples et nos petits bras dévoués, nous les avons ainsi aidés à transformer leur maison en un lieu où ils se sentent vraiment bien. Un peu de travail, beaucoup d'effet ! En voilà un bref aperçu.

/après D&CO

Un simple lieu de repos s'est transformé en salon hyperchaleureux et convivial !

Le salon

La

salle de bains

Vous rêvez d'une balnéo à la maison, tout est possible ! Et pour être top tendance, rien ne vaut les petits galets à placer, selon vos envies, au mur ou au sol. Quant aux lavabos, misez sur les petits nouveaux !

Difficile de croire qu'il s'agit de la même pièce…
Et pourtant, il suffit de nouveaux meubles basiques
et de couleurs bien choisies pour changer
une simple cuisine en un lieu chic et ultrafonctionnel.

La cuisine

Grâce à mon arme favorite : la marouflette (vous aurez deviné !), retapissez votre chambre d'un papier légèrement irisé, espace et harmonie garantis pour de douces nuits !

La chambre

Pour gagner en perspective et vous offrir tous les jours un délicieux cocooning, optez pour les ciels de lit. Ils sont tellement simples à mettre en place, qu'il ne faut surtout pas vous en priver !

La chambre

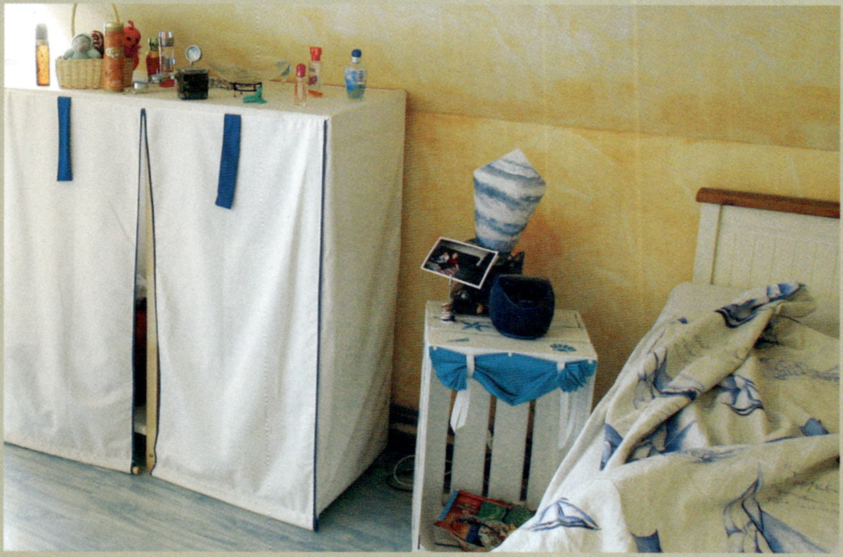

La chambre

Une ambiance délicieusement maritime pour les fans de grands espaces, et c'est la mer qui s'invite dans la chambre… Simple et efficace !

Pour un effet top délire, osez la fresque géante !
Hyperdécorative, elle transforme une simple
chambre en un décor génial pour inventer
des tas d'histoires fantastiques !

La chambre

Pièces à vivre

Les murs

Papiers peints

A3P - www.le-papier-peint.com

Bensimon, Home Autour du monde, toutes les adresses sur www.autourdumonde.com

BHV, 14, rue du Temple, 75004 Paris, 01 42 74 90 00, et BHV déco, centre commercial Rosny 2, 93117 Rosny-sous-Bois, 01 49 60 47 00 ; et toutes les adresses sur www.bhv.fr

Cegecol (colle mur), www.cegecol/com

Emery & Cie, www.emeryetcie.com

Bineau, 9-11, 10, 12, boulevard Bineau, 92300 Levallois-Perret, 01 47 57 16 00

Farrow & Ball, 50 rue de l'Université, 75007 Paris, 01 45 44 47 94, et dans divers points de vente à travers la France

Nobilis, 38, rue Bonaparte, 75006 Paris, 01 43 29 12 71 ; www.nobilis.fr/index-fr

Sentou Galerie, 26, boulevard Raspail, 75007 Paris, 01 45 49 00 05

Papiers trompe-l'œil

Brunschwig & Fils, 8, rue du Mail, 75002 Paris, 01 44 55 02 50.

The Collection, 33, rue de Poitou, 75003 Paris, 01 42 77 04 20.

Ugly Home, 108, rue Saint-Honoré, 75001 Paris, 01 40 26 18 51, www.ugly-home.com

Peintures

Bineau, 9-11, 10, 12, boulevard Bineau, 92300 Levallois-Perret, 01 47 57 02 20

Bricorama, toutes les adresses sur www.bricorama.fr

Domus matériaux (matériaux écologiques), www.domus-materiaux.fr

Emery & Cie, www.emeryetcie.com

Farrow & Ball, 50 rue de l'Université, 75007 Paris, 01 45 44 47 94, et dans divers points de vente à travers la France

Leroy-Merlin, toutes les adresses sur www.leroymerlin.fr

Ressource, toutes les adresses sur www.ressource-peintures.com

Ripolin, www.ripolin.tm.fr

Senideco, www.senideco.com

Les meubles et les accessoires

Tables, consoles, chaises et canapés

Aitali, www.aitali.fr

Alinéa, toutes les adresses sur www.alinea.fr

Athezza, www.athezza.fr

Atlas, www.meublesatlas.com

Catalogue AMPM, www.laredoute.fr

Clicondesign, www.clicondesign.com

Fly, toutes les adresses sur www.flymeubles.com

Habitat, toutes les adresses sur le site www.habitat.fr

Hanjel, 04 66 03 09 88

Ikéa, toutes les adresses sur www.ikea.fr

Inov, www.inov-France.com

Jardin d'Ulysse, 9, boulevard Malesherbes, 75008 Paris, 01 42 65 28 01 ; www.jardindulysse.com

Kdesign, www.kdesign.fr

La maison du convertible, www.lamaisonduconvertible.fr

Maisons du monde, toutes les adresses sur www.maisonsdumonde.com

Sophashop, www.canapesofa.com

The Conran Shop, 117, rue du Bac, 75007 Paris, 01 42 84 10 01, et sur www.conran.com

Manteau de cheminée

Jardin d'Ulysse, 9, boulevard Malesherbes, 75008 Paris, 01 42 65 28 01 ; www.jardindulysse.com

Quator, www.quatuor.be

Stock Design, www.stock-design.fr

Cheminée

René Brisach, www.brisach.com

Cheminée à l'Étabiol

Autour d'un Canapé, 89, boulevard de Sébastopol, 75002 Paris, 01 40 26 12 89, et sur www.autourduncanape.com

Cheminée en trompe-l'œil

Christophe Koziel, www.koziel.fr

Aquarium, cadre inox, mur d'eau

Aqualia, www.aqualia.fr

Coussins

Bensimon, Home Autour du monde, toutes les adresses sur www.autourdumonde.com

Catalogue AMPM, www.laredoute.fr

Catalogue So'Home, www.sohome.fr

Jardin d'Ulysse, 9, boulevard Malesherbes, 75008 Paris, 01 42 65 28 01 ; www.jardindulysse.com

Les adresses

Lafayette maison, 35, boulevard Haussmann 75009 Paris, 01 42 82 34 56 et sur www.galerieslafayette.com
Madura, toutes les adresses sur www.madura.fr
Robert le Héros, 13, rue de Saintonge, 75003 Paris, 01 44 59 33 22
Ugly Home, 108, rue Saint-Honoré, 75001 Paris, 01 40 26 18 51, www.ugly-home.com

Esprit Récup'

Loisirs et création, toutes les adresses sur www.loisirsetcreation.com
Jardineries Truffaut, toutes les adresses sur www.truffaut.com

Les sols

Parquets

Bineau, 9-11, 10, 12, boulevard bineau, 92300 Levallois-Perret, 01 47 57 19 19
Cegecol (colle parquet), www.cegecol.com
Décoplus, toutes les adresses sur www.decoplus-parquet.com
Dinasol, 78, boulevard Voltaire, 75011 Paris, www.dinasol-parquet.com, 01 47 00 62 67
Mondial Moquette, toutes les adresses sur www.mondialmoquette.fr
Lapeyre, toutes les adresses sur www.lapeyre.fr
Leroy-Merlin, toutes les adresses sur www.leroymerlin.fr
Saint-Maclou, toutes les adresses sur www.saint-maclou.com
Vetedy, www.vetedy.com

Les rideaux

Alinéa, toutes les adresses sur www.alinea.fr
Bineau, 9-11, 10, 12, boulevard Bineau, 92300 Levallois-Perret, 01 47 57 16 00
BHV, 14, rue du Temple, 75004 Paris, 01 42 74 90 00, et BHV déco, centre commercial Rosny 2, 93117 Rosny-sous-Bois, 01 49 60 47 00 ; et toutes les adresses sur www.bhv.fr

Catalogue AMPM, www.laredoute.fr
Catalogue So'Home, www.sohome.fr
Fly, toutes les adresses sur www.flymeubles.com
Habitat, toutes les adresses sur le site www.habitat.fr
Heytens, toutes les adresses sur www.heytens.fr
Ikéa, toutes les adresses sur www.ikea.fr
Jardin d'Ulysse, 9, boulevard Malesherbes, 75008 Paris, 01 42 65 28 01 ; www.jardindulysse.com
Lafayette maison, 35, boulevard Haussmann 75009 Paris, 01 42 82 34 56, et sur www.galerieslafayette.com
Madura, toutes les adresses sur www.madura.fr

L'éclairage

Abajour, www.abajour.fr
Alinéa, toutes les adresses sur www.alinea.fr
Atlas, www.meublesatlas.com
Catalogue AMPM, www.laredoute.fr
Clicondesign, www.;clicondesign.com
Fly, toutes les adresses sur www.flymeubles.com
Habitat, toutes les adresses sur le site www.habitat.fr
Ikéa, toutes les adresses sur www.ikea.fr
Jardin d'Ulysse, 9, boulevard Malesherbes, 75008 Paris, 01 42 65 28 01 ; www.jardindulysse.com
Lafayette maison, 35, boulevard Haussmann, 75009 Paris, 01 42 82 34 56, et sur www.galerieslafayette.com
Maisons du monde, toutes les adresses sur www.maisonsdumonde.com
Stock Design, www.stock-design.fr
The Conran Shop, 117, rue du Bac, 75007 Paris, 01 42 84 10 01, et sur www.conran.com

La chambre

Les murs

Stickers

Kalico, 55, avenue Saint-Louis, 94210 La-Varenne-Saint-Hilaire, 08 20 87 67 70, et sur kalideco.fr
Leroy-Merlin, toutes les adresses sur www.leroymerlin.fr
Vente sur Internet, www.artdecozen.com - www.idzif.fr - www.graphikcandies.com - www.ugly-home.com

Peintures

Bineau, 9-11, 10, 12, boulevard Bineau - 92300 Levallois-Perret, 01 47 57 02 20
Castorama, toutes les adresses sur www.castorama.fr
Emery & Cie, www.emeryetcie.com
Farrow & Ball, 50 rue de l'Université, 75007 Paris, 01 45 44 47 94, et dans divers points de vente à travers la France
Leroy-Merlin, toutes les adresses sur www.leroymerlin.fr
Ressource, toutes les adresses sur www.ressource-peintures.com

Papiers peints

Bineau, 9-11, 10, 12, boulevard bineau, 92300 Levallois-Perret, 01 47 57 16 00
Farrow & Ball, 50 rue de l'Université, 75007 Paris, 01 45 44 47 94
Habitat, toutes les adresses sur le site www.habitat.fr
Nobilis, 38, rue Bonaparte, 75006 Paris, 01 43 29 12 71 ; www.nobilis.fr/index-fr
Sentou Galerie, 26, boulevard Raspail, 75007 Paris, 01 45 49 00 05

Tissu

Bouchara, 1-3, rue Lafayette, 75009 Paris, 01 42 80 66 95 et sur www.bouchara.com
Moline, 1, place Saint-Pierre, 75018 Paris, 01 46 06 14 66
Tissus Reine, 3 & 5, place Saint-Pierre, 75018 Paris, 01 46 06 02 31
Vente sur Internet, http://tissu.org

Les meubles et les accessoires

Lits et linge de lit

Atlas - www.meublesatlas.com
Becquet - www.becquet.fr
BHV, 14, rue du Temple, 75004 Paris, 01 42 74 90 00, et BHV déco, centre commercial Rosny 2, 93117 Rosny-sous-Bois, 01 49 60 47 00 ; et toutes les adresses sur www.bhv.fr
Catalogue AMPM, www.laredoute.fr
Fly, toutes les adresses sur www.flymeubles.com
Habitat, toutes les adresses sur le site www.habitat.fr
Ikéa, toutes les adresses sur www.ikea.fr
Lafayette maison, 35, boulevard Haussmann, 75009 Paris, 01 42 82 34 56, et sur www.galerieslafayette.com
The Conran Shop, 117, rue du Bac, 75007 Paris, 01 42 84 10 01, et sur www.conran.com

Rangements

Alinéa, toutes les adresses sur www.alinea.fr
Fly, toutes les adresses sur www.flymeubles.com
Habitat, toutes les adresses sur le site www.habitat.fr
Ikéa, toutes les adresses sur www.ikea.fr
Muji, toutes les adresses sur www.muji.fr

Tringles

BHV, 14, rue du Temple, 75004 Paris, 01 42 74 90 00, et BHV déco, centre commercial Rosny 2, 93117 Rosny-sous-Bois, 01 49 60 47 00 ; et toutes les adresses sur www.bhv.fr
Bineau, 9-11, 10, 12, boulevard Bineau, 92300 Levallois-Perret, 01 47 57 16 00
Habitat, toutes les adresses sur le site www.habitat.fr
Heytens, toutes les adresses sur www.heytens.fr
Ikéa, toutes les adresses sur www.ikea.fr
Madura, toutes les adresses sur www.madura.fr

Les sols

Tapis

Alinéa, toutes les adresses sur www.alinea.fr
Bineau, 9-11, 10, 12, boulevard Bineau, 92300 Levallois-Perret, 01 47 57 16 00
Catalogue AMPM, www.laredoute.fr
Fly, toutes les adresses sur www.flymeubles.com
Habitat, toutes les adresses sur le site www.habitat.fr
Ikéa, toutes les adresses sur www.ikea.fr
Mondial Moquette, toutes les adresses sur www.mondialmoquette.fr
Saint-Maclou, toutes les adresses sur www.saint-maclou.com
Stock Design, www.stock-design.fr

Les rideaux et les stores

Rideaux

Alinéa, toutes les adresses sur www.alinea.fr
BHV, 14, rue du Temple, 75004 Paris, 01 42 74 90 00, et BHV déco, centre commercial Rosny 2, 93117 Rosny-sous-Bois, 01 49 60 47 00 ; et toutes les adresses sur www.bhv.fr
Catalogue AMPM, www.laredoute.fr
Catalogue So'Home, www.sohome.fr
Fly, toutes les adresses sur www.flymeubles.com
Habitat, toutes les adresses sur le site www.habitat.fr
Heytens, toutes les adresses sur www.heytens.fr
Ikéa, toutes les adresses sur www.ikea.fr
Jardin d'Ulysse, 9, boulevard Malesherbes, 75008 Paris, 01 42 65 28 01 ; www.jardindulysse.com
Lafayette maison, 35, boulevard Haussmann, 75009 Paris, 01 42 82 34 56, et sur www.galerieslafayette.com
Madura, toutes les adresses sur www.madura.fr

Passementerie et embrasses

BHV, 14, rue du Temple, 75004 Paris, 01 42 74 90 00, et BHV déco, centre commercial Rosny 2, 93117 Rosny-sous-Bois, 01 49 60 47 00 ; et toutes les adresses sur www.bhv.fr

Les adresses

Bineau, 9-11, 10, 12, boulevard Bineau, 92300 Levallois-Perret, 01 47 57 16 00
Heytens, toutes les adresses sur www.heytens.fr
Madura, toutes les adresses sur www.madura.fr

L'éclairage

Abajour, www.abajour.fr
Alinéa, toutes les adresses sur www.alinea.fr
BHV, 14, rue du Temple, 75004 Paris, 01 42 74 90 00, et BHV déco, centre commercial Rosny 2, 93117 Rosny-sous-Bois, 01 49 60 47 00 ; et toutes les adresses sur www.bhv.fr
Castorama, toutes les adresses sur www.castorama.fr
Catalogue AMPM, www.laredoute.fr
Fly, toutes les adresses sur www.flymeubles.com
Habitat, toutes les adresses sur le site www.habitat.fr
Ikéa, toutes les adresses sur www.ikea.fr
Jardin d'Ulysse, 9, boulevard Malesherbes, 75008 Paris, 01 42 65 28 01 ; www.jardindulysse.com
Lafayette maison, 35, boulevard Haussmann, 75009 Paris, 01 42 82 34 56, et sur www.galerieslafayette.com
Leroy-Merlin, toutes les adresses sur www.leroymerlin.fr
Sentou galerie, 26, boulevard Raspail, 75007 Paris, 01 45 49 00 05 et sur www.sentou.fr
The Conran Shop, 117, rue du Bac, 75007 Paris, 01 42 84 10 01, et sur www.conran.com

Chambre d'enfant

Les murs

Stickers

Leroy-Merlin, toutes les adresses sur www.leroymerlin.fr
Vente sur Internet, www.artdecozen.com - www.idzif.fr - www.graphikcandies.com
Stock Design, www.stock-design.fr
Ugly Home, 108, rue Saint-Honoré, 75001 Paris, 01 40 26 18 51, www.ugly-home.com

Peintures

Bineau, 9-11, 10, 12, boulevard bineau, 92300 Levallois-Perret, 01 47 57 02 20
Castorama, toutes les adresses sur www.castorama.fr
Emery & Cie, www.emeryetcie.com
Farrow & Ball, 50 rue de l'Université, 75007 Paris, 01 45 44 47 94, et dans divers points de vente à travers la France
Leroy-Merlin, toutes les adresses sur www.leroymerlin.fr
Ressource, toutes les adresses sur www.ressource-peintures.com

Lettres et pochoirs

Leroy-Merlin, toutes les adresses sur www.leroymerlin.fr
Résonances, 9, cour Saint-Émilion, 75012 Paris, 01 44 73 82 82, et sur www.resonances.fr

Encadrements

Alinéa, toutes les adresses sur www.alinea.fr
BHV, 14, rue du Temple, 75004 Paris, 01 42 74 90 00, et BHV déco, centre commercial Rosny 2, 93117 Rosny-sous-Bois, 01 49 60 47 00 ; et toutes les adresses sur www.bhv.fr
Fly, toutes les adresses sur www.flymeubles.com
Habitat, toutes les adresses sur le site www.habitat.fr
Ikéa, toutes les adresses sur www.ikea.fr

Miroirs autocollants

Habitat, toutes les adresses sur le site www.habitat.fr
Ikéa, toutes les adresses sur www.ikea.fr
Leroy-Merlin, toutes les adresses sur www.leroymerlin.fr

Les meubles et les accessoires

Lits et linge de lit

BHV, 14, rue du Temple, 75004 Paris, 01 42 74 90 00, et BHV déco, centre commercial Rosny 2, 93117 Rosny-sous-Bois, 01 49 60 47 00 ; et toutes les adresses sur www.bhv.fr
Catalogue AMPM, www.laredoute.fr
Castorama, toutes les adresses sur www.castorama.fr
Fly, toutes les adresses sur www.flymeubles.com
Habitat, toutes les adresses sur le site www.habitat.fr
Ikéa, toutes les adresses sur www.ikea.fr
Lafayette maison, 35, boulevard Haussmann, 75009 Paris, 01 42 82 34 56, et sur www.galerieslafayette.com

Mobilier ancien, vieilles affiches, accessoires et doudous

Moulin Roty - www.moulinroty.fr
Vente sur Internet, www.bianca-and-family.com

Rangements et étagères

Alinéa, toutes les adresses sur www.alinea.fr
Catalogue AMPM, www.laredoute.fr
Catalogue La Redoute, www.laredoute.fr
Fly, toutes les adresses sur www.flymeubles.com
Habitat, toutes les adresses sur le site www.habitat.fr
Ikéa, toutes les adresses sur www.ikea.fr
Muji, toutes les adresses sur www.muji.fr
Potiron, 57, rue des Petits-Champs, 75001 Paris, 01 40 15 64 66
Robin des villes, www.robindesvilles.fr

Les sols

Moquette

Bineau, 9-11, 10, 12, boulevard Bineau, 92300 Levallois-Perret, 01 47 57 16 00
Mondial Moquette, toutes les adresses sur www.mondialmoquette.fr
Saint-Maclou, toutes les adresses sur www.saint-maclou.com
UFTM (Union Française des Tapis et Moquettes) - www.moquette-uftm.com

Les rideaux et les stores

Alinéa, toutes les adresses sur www.alinea.fr
BHV, 14, rue du Temple, 75004 Paris, 01 42 74 90 00, et BHV déco, centre commercial Rosny 2, 93117 Rosny-sous-Bois, 01 49 60 47 00 ; et toutes les adresses sur www.bhv.fr
Catalogue AMPM, www.laredoute.fr
Catalogue So'Home, www.sohome.fr
Fly, toutes les adresses sur www.flymeubles.com
Habitat, toutes les adresses sur le site www.habitat.fr
Heytens, toutes les adresses sur www.heytens.fr
Ikéa, toutes les adresses sur www.ikea.fr
Jardin d'Ulysse, 9, boulevard Malesherbes, 75008 Paris, 01 42 65 28 01 ; www.jardindulysse.com
Lafayette maison, 35, boulevard Haussmann 75009 Paris, 01 42 82 34 56, et sur www.galerieslafayette.com
Madura, toutes les adresses sur www.madura.fr

Rideaux de fils

Alinéa, toutes les adresses sur www.alinea.fr
Habitat, toutes les adresses sur le site www.habitat.fr
Madura, toutes les adresses sur www.madura.fr
Potiron, 57, rue des Petits-Champs, 75001 Paris, 01 40 15 64 66

Tringles

BHV, 14, rue du Temple, 75004 Paris, 01 42 74 90 00, et BHV déco, centre commercial Rosny 2, 93117 Rosny-sous-Bois, 01 49 60 47 00 ; et toutes les adresses sur www.bhv.fr
Bineau, 9-11, 10, 12, boulevard bineau, 92300 Levallois-Perret, 01 47 57 16 00
Habitat, toutes les adresses sur le site www.habitat.fr
Heytens, toutes les adresses sur www.heytens.fr
Ikéa, toutes les adresses sur www.ikea.fr

Madura, toutes les adresses sur www.madura.fr

Ciels de lit

Ikéa, toutes les adresses sur www.ikea.fr
Madura, toutes les adresses sur www.madura.fr

L'éclairage

Lampes et guirlandes lumineuses

Alinéa, toutes les adresses sur www.alinea.fr
BHV, 14, rue du Temple, 75004 Paris, 01 42 74 90 00, et BHV déco, centre commercial Rosny 2, 93117 Rosny-sous-Bois, 01 49 60 47 00 ; et toutes les adresses sur www.bhv.fr
Castorama, toutes les adresses sur www.castorama.fr
Catalogue AMPM, www.laredoute.fr
Fly, toutes les adresses sur www.flymeubles.com
Habitat, toutes les adresses sur le site www.habitat.fr
Ikéa, toutes les adresses sur www.ikea.fr
Jardin d'Ulysse, 9, boulevard Malesherbes, 75008 Paris, 01 42 65 28 01 ; www.jardindulysse.com
Lafayette maison, 35, boulevard Haussmann, 75009 Paris, 01 42 82 34 56, et sur www.galerieslafayette.com
Leroy-Merlin, toutes les adresses sur www.leroymerlin.fr
Sentou galerie, 26, boulevard Raspail, 75007 Paris, 01 45 49 00 05 et sur www.sentou.fr

Lampes lumineuses à poser

En grandes surfaces, sous la marque Osram
Ikéa, toutes les adresses sur www.ikea.fr

Lampes boules

Ikéa, toutes les adresses sur www.ikea.fr
Keria, magasins de luminaires

Les adresses

Salle de bains

Les murs

Carrelage

Castorama, toutes les adresses sur www.castorama.fr
Lapeyre, toutes les adresses sur www.lapeyre.fr
Leroy-Merlin, toutes les adresses sur www.leroymerlin.fr
Saint-Maclou, toutes les adresses sur www.saint-maclou.com

Mosaïques et émaux de Briare

Castorama, toutes les adresses sur www.castorama.fr
Émaux de Briare, 7, rue du Bac, 75007 Paris, 01 42 61 16 41 ; www.emauxdebriare.com
Saint-Maclou, toutes les adresses sur www.saint-maclou.com
Lapeyre, toutes les adresses sur www.lapeyre.fr
Leroy-Merlin, toutes les adresses sur www.leroymerlin.fr
Super-luxe : ***Bisazza,*** 26, rue Madame, 75006 Paris, 01 53 63 02 03, et sur www.bisazza.fr

Peintures

Bineau, 9-11, 10, 12, boulevard bineau, 92300 Levallois-Perret, 01 47 57 02 20
Castorama, toutes les adresses sur www.castorama.fr
Emery & Cie, www.emeryetcie.com
Farrow & Ball, 50 rue de l'Université, 75007 Paris, 01 45 44 47 94, et dans divers points de vente à travers la France
Leroy-Merlin, toutes les adresses sur www.leroymerlin.fr

Les meubles et les accessoires

Mobilier de salle de bains et vasques

BHV, 14, rue du Temple, 75004 Paris, 01 42 74 90 00, et BHV déco, centre commercial Rosny 2, 93117 Rosny-sous-Bois, 01 49 60 47 00 ; et toutes les adresses sur www.bhv.fr
Burg Paris, www.burg-paris.fr
Hydropolis, www.hydropolis.fr
Fly, toutes les adresses sur www.flymeubles.com
Habitat, toutes les adresses sur le site www.habitat.fr
Ikéa, toutes les adresses sur www.ikea.fr
Lapeyre, toutes les adresses sur www.lapeyre.fr
The Conran Shop, 117, rue du Bac, 75007 Paris, 01 42 84 10 01, et sur www.conran.com
Vente sur Internet, www.masalledebain.com

Échelle bambou

Jardin d'Ulysse, 9, boulevard Malesherbes, 75008 Paris, 01 42 65 28 01 ; www.jardindulysse.com
Thalassor, www.thalassor.fr

Accessoires

Alinéa, toutes les adresses sur www.alinea.fr
BHV, 14, rue du Temple, 75004 Paris, 01 42 74 90 00, et BHV déco, centre commercial Rosny 2, 93117 Rosny-sous-Bois, 01 49 60 47 00 ; et toutes les adresses sur www.bhv.fr
Fly, toutes les adresses sur www.flymeubles.com
Habitat, toutes les adresses sur le site www.habitat.fr
Ikéa, toutes les adresses sur www.ikea.fr
Lafayette maison, 35, boulevard Haussmann, 75009 Paris, 01 42 82 34 56, et sur www.galerieslafayette.com
Muji, toutes les adresses sur www.muji.fr
Potiron, 57, rue des Petits-Champs, 75001 Paris, 01 40 15 64 66
The Conran Shop, 117, rue du Bac, 75007 Paris, 01 42 84 10 01, et sur www.conran.com

Les sols

Carrelage et galets

Castorama, toutes les adresses sur www.castorama.fr
Ever, www.everfrance.com
Leroy-Merlin, toutes les adresses sur www.leroymerlin.fr
Lapeyre, toutes les adresses sur www.lapeyre.fr
Saint-Maclou, toutes les adresses sur www.saint-maclou.com

Carreaux de ciment

Emery & Cie, www.emeryetcie.com

Parquet

Décoplus, toutes les adresses sur www.decoplus-parquet.com
Dinasol, 78, boulevard Voltaire, 75011 Paris ; www.dinasol-parquet.com, 01 47 00 62 67
Leroy-Merlin, toutes les adresses sur www.leroymerlin.fr

Les rideaux

Rideaux

Alinéa, toutes les adresses sur www.alinea.fr
BHV, 14, rue du Temple. 75004 Paris, 01 42 74 90 00, et BHV déco, centre commercial Rosny 2, 93117 Rosny-sous-Bois, 01 49 60 47 00 ; et toutes les adresses sur www.bhv.fr
Catalogue AMPM, www.laredoute.fr
Catalogue So'Home, www.sohome.fr
Fly, toutes les adresses sur www.flymeubles.com
Habitat, toutes les adresses sur le site www.habitat.fr
Ikéa, toutes les adresses sur www.ikea.fr

L'éclairage

BHV, 14, rue du Temple, 75004 Paris, 01 42 74 90 00, et BHV déco, centre commercial Rosny 2, 93117 Rosny-sous-Bois, 01 49 60 47 00 ; et toutes les adresses sur www.bhv.fr
Castorama, toutes les adresses sur www.castorama.fr
Habitat, toutes les adresses sur le site www.habitat.fr
Ikéa, toutes les adresses sur www.ikea.fr
Leroy-Merlin, toutes les adresses sur www.leroymerlin.fr
The Conran Shop, 117, rue du Bac, 75007 Paris, 01 42 84 10 01, et sur www.conran.com

Cuisine

Les murs

Peintures

Bineau, 9-11, 10, 12, boulevard Bineau, 92300 Levallois-Perret, 01 47 57 02 20
Castorama, toutes les adresses sur www.castorama.fr
Emery & Cie, www.emeryetcie.com
Farrow & Ball, 50 rue de l'Université, 75007 Paris, 01 45 44 47 94, et dans divers points de vente à travers la France
Leroy-Merlin, toutes les adresses sur www.leroymerlin.fr
Ressource, toutes les adresses sur www.ressource-peintures.com

Peintures spéciales

Peinture magnétique, ***Magnetude,*** www.magnetude.fr
Peinture pour sols, ***Colours,*** Castorama (www.castorama.fr) ; V33 (www.V33.com)
Peinture pour tableaux, ***magasins de bricolage*** (Leroy-Merlin Castorama…)

Alu brossé

Castorama, toutes les adresses sur www.castorama.fr
Ikéa, toutes les adresses sur www.ikea.fr
Leroy-Merlin, toutes les adresses sur www.leroymerlin.fr

Les meubles et les accessoires

Mobilier et éviers

Ariston, www.ariston.com
Atlas, www.meublesatlas.com
BHV, 14, rue du Temple, 75004 Paris, 01 42 74 90 00, et BHV déco, centre commercial Rosny 2, 93117 Rosny-sous-Bois, 01 49 60 47 00 ; et toutes les adresses sur www.bhv.fr
Castorama, toutes les adresses sur www.castorama.fr
Electrolux, www.electrolux.fr
Habitat, toutes les adresses sur le site www.habitat.fr
Ikéa, toutes les adresses sur www.ikea.fr
Lapeyre, toutes les adresses sur www.lapeyre.fr
Smeg, www.smeg.fr
Vente sur Internet, www.Cuisine-destockage.com (modèles d'exposition à prix cassés)

Tables et chaises

Alinéa, toutes les adresses sur www.alinea.fr
Catalogue AMPM, www.laredoute.fr
Catalogue La Redoute, www.laredoute.fr
Fly, toutes les adresses sur www.flymeubles.com
Habitat, toutes les adresses sur le site www.habitat.fr
Ikéa, toutes les adresses sur www.ikea.fr

Accessoires et linge de table

Alinéa, toutes les adresses sur www.alinea.fr
BHV, 14, rue du Temple, 75004 Paris, 01 42 74 90 00, et BHV déco, centre commercial Rosny 2, 93117 Rosny-sous-Bois, 01 49 60 47 00 ; et toutes les adresses sur www.bhv.fr

Les adresses

Fly, toutes les adresses sur www.flymeubles.com
Habitat, toutes les adresses sur le site www.habitat.fr
Ikéa, toutes les adresses sur www.ikea.fr
Kitchen Bazaar, 11, avenue du Maine, 75015 Paris, 01 42 22 91 17, et sur www.kitchenbazaar.fr
Lafayette maison, 35, boulevard Haussmann, 75009 Paris, 01 42 82 34 56, et sur www.galerieslafayette.com
Luminarc, www.luminarc.fr
Muji, toutes les adresses sur www.muji.fr
Potiron, 57, rue des Petits-Champs, 75001 Paris, 01 40 15 64 66
Perigot (anciennement Rooming), Carrousel du Louvre, 99, rue de Rivoli, 75001 Paris, 01 42 60 10 85
The Conran Shop, 117, rue du Bac, 75007 Paris, 01 42 84 10 01, et sur www.conran.com

Casiers à bouteilles

Botanic, adresses des magasins sur le site www.botanic.com

Poignées de porte

BHV, 14, rue du Temple, 75004 Paris, 01 42 74 90 00, et BHV déco, centre commercial Rosny 2, 93117 Rosny-sous-Bois, 01 49 60 47 00 ; et toutes les adresses sur www.bhv.fr
Castorama, toutes les adresses sur www.castorama.fr
Ikéa, toutes les adresses sur www.ikea.fr
Leroy-Merlin, toutes les adresses sur www.leroymerlin.fr
Résonances, 9, cour Saint-Émilion, 75012 Paris, 01 44 73 82 82, et sur www.resonances.fr

Les sols

Carrelage

Castorama, toutes les adresses sur www.castorama.fr
Cegecol (colle sol), www.cegecol.com
Ever, www.everfrance.com
Lapeyre, toutes les adresses sur www.lapeyre.fr
Leroy-Merlin, toutes les adresses sur www.leroymerlin.fr
Saint-Maclou, toutes les adresses sur www.saint-maclou.com

Carreaux de ciment

Emery & Cie, www.emeryetcie.com

Sols vinyles

Décoplus, toutes les adresses sur www.decoplus-parquet.com
Dinasol, 78, boulevard Voltaire, 75011 Paris ; www.dinasol-parquet.com, 01 47 00 62 67
Leroy-Merlin, toutes les adresses sur www.leroymerlin.fr

Béton

Adresses de professionnels sur www.big-annuaire.com/Beton.php

Sols PVC

Castorama, toutes les adresses sur www.castorama.fr
Décoplus, toutes les adresses sur www.decoplus-parquet.com
Dinasol, 78, boulevard Voltaire, 75011 Paris ; www.dinasol-parquet.com, 01 47 00 62 67
Gerflor, www.gerflor.com
Leroy-Merlin, toutes les adresses sur www.leroymerlin.fr

Les rideaux et les stores

Alinéa, toutes les adresses sur www.alinea.fr
BHV, 14, rue du Temple, 75004 Paris, 01 42 74 90 00, et BHV déco, centre commercial Rosny 2, 93117 Rosny-sous-Bois, 01 49 60 47 00 ; et toutes les adresses sur www.bhv.fr
Catalogue AMPM, www.laredoute.fr
Catalogue So'Home, www.sohome.fr
Fly, toutes les adresses sur www.flymeubles.com
Habitat, toutes les adresses sur le site www.habitat.fr
Ikéa, toutes les adresses sur www.ikea.fr
Lafayette maison, 35, boulevard Haussmann 75009 Paris, 01 42 82 34 56, et sur www.galerieslafayette.com
Leroy-Merlin, toutes les adresses sur www.leroymerlin.fr

L'éclairage

BHV, 14, rue du Temple, 75004 Paris, 01 42 74 90 00, et BHV déco, centre commercial Rosny 2, 93117 Rosny-sous-Bois, 01 49 60 47 00, et toutes les adresses sur www.bhv.fr
Castorama, toutes les adresses sur www.castorama.fr
Habitat, toutes les adresses sur le site www.habitat.fr
Ikéa, toutes les adresses sur www.ikea.fr
Lafayette maison, 35, boulevard Haussmann, 75009 Paris, 01 42 82 34 56, et sur www.galerieslafayette.com
Lampes DOT-IT, d'Osram, magasins de luminaires
Leroy-Merlin, toutes les adresses sur www.leroymerlin.fr
The Conran Shop, 117, rue du Bac, 75007 Paris, 01 42 84 10 01, et sur www.conran.com

Le bureau

Les murs

Peintures

Bineau, 9-11, 10, 12, boulevard bineau, 92300 Levallois-Perret, 01 47 57 02 20
Castorama, toutes les adresses sur www.castorama.fr
Emery & Cie, www.emeryetcie.com
Farrow & Ball, 50 rue de l'Université, 75007 Paris, 01 45 44 47 94, et dans divers points de vente à travers la France
Leroy-Merlin, toutes les adresses sur www.leroymerlin.fr
Ressource, toutes les adresses sur www.ressource-peintures.com

Peinture aimantée

Magnétude (magasins de bricolage, Leroy-Merlin, Castorama), www.magnétude.fr

Encadrements

Alinéa, toutes les adresses sur www.alinea.fr
BHV, 14, rue du Temple, 75004 Paris, 01 42 74 90 00, et BHV déco, centre commercial Rosny 2, 93117 Rosny-sous-Bois, 01 49 60 47 00 ; et toutes les adresses sur www.bhv.fr
Fly, toutes les adresses sur www.flymeubles.com
Habitat, toutes les adresses sur le site www.habitat.fr

Ikéa, toutes les adresses sur www.ikea.fr

Photos perso sur toile

Vente sur Internet, www.artdecozen.com - www.maphotosurtoile.com - www.montableauperso.com - www.mypixmania.com - www.personnaliser.com

Tableaux fleurs ou paysages

Toutes les adresses sur www.teojasmin.com

Les meubles et les accessoires

Bureaux, étagères, sièges et canapés

Alinéa, toutes les adresses sur www.alinea.fr
Atlas - www.meublesatlas.com
Catalogue AMPM, www.laredoute.fr
Catalogue La Redoute, www.laredoute.fr
Fly, toutes les adresses sur www.flymeubles.com
Habitat, toutes les adresses sur le site www.habitat.fr
Ikéa, toutes les adresses sur www.ikea.fr
The Conran Shop, 117, rue du Bac, 75007 Paris, 01 42 84 10 01, et sur www.conran.com

Coussins

Bensimon, Home Autour du monde, toutes les adresses sur www.autourdumonde.com
Catalogue AMPM, www.laredoute.fr
Catalogue So'Home, www.sohome.fr
Jardin d'Ulysse, 9, boulevard Malesherbes, 75008 Paris, 01 42 65 28 01 ; www.jardindulysse.com
Madura, toutes les adresses sur www.madura.fr
Robert le Héros, 13, rue de Saintonge, 75003 Paris, 01 44 59 33 22
Ugly Home, 108, rue Saint-Honoré, 75001 Paris, 01 40 26 18 51, www.ugly-home.com

Accessoires

Habitat, toutes les adresses sur le site www.habitat.fr
Ikéa, toutes les adresses sur www.ikea.fr
Lafayette maison, 35, boulevard Haussmann 75009 Paris, 01 42 82 34 56, et sur www.galerieslafayette.com
Muji, toutes les adresses sur www.muji.fr
The Conran Shop, 117, rue du Bac, 75007 Paris, 01 42 84 10 01, et sur www.conran.com

Plantes

Botanic, adresses des magasins sur le site www.botanic.com
Castorama, toutes les adresses sur www.castorama.fr
Jardineries Truffaut, toutes les adresses sur www.truffaut.com
Leroy-Merlin, toutes les adresses sur www.leroymerlin.fr

Plantes sans arrosage

Tous les détails sur www.artlinedesigner.fr

Les sols

Tapis

Alinéa, toutes les adresses sur www.alinea.fr
Arte Espina, www.arteespina.com

Les adresses

Bineau, 9-11, 10, 12, boulevard bineau, 92300 Levallois-Perret, 01 47 57 16 00
Catalogue AMPM, www.laredoute.fr
Fly, toutes les adresses sur www.flymeubles.com
Habitat, toutes les adresses sur le site www.habitat.fr
Ikéa, toutes les adresses sur www.ikea.fr
Mondial Moquette, toutes les adresses sur www.mondialmoquette.fr
Saint-Maclou, toutes les adresses sur www.saint-maclou.com

Moquette, au mètre et en dalles

Bineau, 9-11, 10, 12 boulevard bineau, 92300 Levallois-Perret, 01 47 57 16 00
Leroy-Merlin (dalles de moquettes), toutes les adresses sur www.leroymerlin.fr
Mondial Moquette, toutes les adresses sur www.mondialmoquette.fr
Saint-Maclou, toutes les adresses sur www.saint-maclou.com

Les rideaux et les stores

Alinéa, toutes les adresses sur www.alinea.fr
BHV, 14, rue du Temple, 75004 Paris, 01 42 74 90 00, et BHV déco, centre commercial Rosny 2, 93117 Rosny-sous-Bois, 01 49 60 47 00 ; et toutes les adresses sur www.bhv.fr
Catalogue AMPM, www.laredoute.fr
Catalogue So'Home, www.sohome.fr
Fly, toutes les adresses sur www.flymeubles.com
Habitat, toutes les adresses sur le site www.habitat.fr
Ikéa, toutes les adresses sur www.ikea.fr
Leroy-Merlin, toutes les adresses sur www.leroymerlin.fr

L'éclairage

BHV, 14, rue du Temple, 75004 Paris, 01 42 74 90 00, et BHV déco, centre commercial Rosny 2, 93117 Rosny-sous-Bois, 01 49 60 47 00 ; et toutes les adresses sur www.bhv.fr
Castorama, toutes les adresses sur www.castorama.fr
Ikéa, toutes les adresses sur www.ikea.fr
Habitat, toutes les adresses sur le site www.habitat.fr
The Conran Shop, 117, rue du Bac, 75007 Paris, 01 42 84 10 01, et sur www.conran.com
Leroy-Merlin, toutes les adresses sur www.leroymerlin.fr

Entrée et couloir

Les murs

Peintures

Bineau, 9-11, 10, 12, boulevard Bineau - 92300 Levallois-Perret, 01 47 57 02 20
Castorama, toutes les adresses sur www.castorama.fr
Emery & Cie, www.emeryetcie.com
Farrow & Ball, 50 rue de l'Université, 75007 Paris, 01 45 44 47 94, et dans divers points de vente à travers la France
Leroy-Merlin, toutes les adresses sur www.leroymerlin.fr
Ressource, toutes les adresses sur www.ressource-peintures.com

Peinture aimantée

Magnétude (magasins de bricolage, Leroy-Merlin, Castorama), www.magnetude.fr

Miroirs

Alinéa, toutes les adresses sur www.alinea.fr
Catalogue AMPM, www.laredoute.fr
Fly, toutes les adresses sur www.flymeubles.com
Habitat, toutes les adresses sur le site www.habitat.fr
Ikéa, toutes les adresses sur www.ikea.fr
Lafayette maison, 35, boulevard Haussmann, 75009 Paris, 01 42 82 34 56, et sur www.galerieslafayette.com

Encadrements

Alinéa, toutes les adresses sur www.alinea.fr
BHV, 14, rue du Temple, 75004 Paris, 01 42 74 90 00, et BHV déco, centre commercial Rosny 2, 93117 Rosny-sous-Bois, 01 49 60 47 00 ; et toutes les adresses sur www.bhv.fr
Fly, toutes les adresses sur www.flymeubles.com
Habitat, toutes les adresses sur le site www.habitat.fr
Ikéa, toutes les adresses sur www.ikea.fr

Pochoirs

Castorama, toutes les adresses sur www.castorama.fr
Leroy-Merlin, toutes les adresses sur www.leroymerlin.fr
Résonances, 9, cour Saint-Émilion, 75012 Paris, 01 44 73 82 82, et sur www.resonances.fr

Les meubles et les accessoires

Étagères, consoles et petits meubles

Alinéa, toutes les adresses sur www.alinea.fr
Catalogue AMPM, www.laredoute.fr
Catalogue La Redoute, www.laredoute.fr

Fly, toutes les adresses sur www.flymeubles.com
Habitat, toutes les adresses sur le site www.habitat.fr
Ikéa, toutes les adresses sur www.ikea.fr

Meubles anciens revisités

Catalogue AMPM, www.laredoute.fr
Maisons du monde, toutes les adresses sur maisonsdumonde.com
The Conran Shop, 117, rue du Bac, 75007 Paris, 01 42 84 10 01, et sur www.conran.com

Sièges

Alinéa, toutes les adresses sur www.alinea.fr
Catalogue AMPM, www.laredoute.fr
Catalogue La Redoute, www.laredoute.fr
Fly, toutes les adresses sur www.flymeubles.com
Habitat, toutes les adresses sur le site www.habitat.fr
Ikéa, toutes les adresses sur www.ikea.fr
Kartell, toutes les adresses sur www.kartell.fr
The Conran Shop, 117, rue du Bac, 75007 Paris, 01 42 84 10 01, et sur www.conran.com

Patères

BHV, 14, rue du Temple, 75004 Paris, 01 42 74 90 00, et BHV déco, centre commercial Rosny 2, 93117 Rosny-sous-Bois, 01 49 60 47 00 ; et toutes les adresses sur www.bhv.fr
Castorama, toutes les adresses sur www.castorama.fr
Ikéa, toutes les adresses sur www.ikea.fr
Leroy-Merlin, toutes les adresses sur www.leroymerlin.fr
Résonances, 9, cour Saint-Émilion, 75012 Paris, 01 44 73 82 82, et sur www.resonances.fr

Poignées

BHV, 14, rue du Temple, 75004 Paris, 01 42 74 90 00, et BHV déco, centre commercial Rosny 2, 93117 Rosny-sous-Bois, 01 49 60 47 00 ; et toutes les adresses sur www.bhv.fr
Castorama, toutes les adresses sur www.castorama.fr
Leroy-Merlin, toutes les adresses sur www.leroymerlin.fr
Résonances, 9, cour Saint-Émilion, 75012 Paris, 01 44 73 82 82, et sur www.resonances.fr

Vases

Alinéa, toutes les adresses sur www.alinea.fr
Catalogue AMPM, www.laredoute.fr
Catalogue La Redoute, www.laredoute.fr
Fly, toutes les adresses sur www.flymeubles.com
Habitat, toutes les adresses sur le site www.habitat.fr
Ikéa, toutes les adresses sur www.ikea.fr
The Conran Shop, 117, rue du Bac, 75007 Paris, 01 42 84 10 01, et sur www.conran.com
Ugly Home, www.ugly-home.com

Les sols

Tapis

Mondial Moquette, toutes les adresses sur www.mondialmoquette.fr
Saint-Maclou, toutes les adresses sur www.saint-maclou.com

Paillassons

BHV, 14, rue du Temple, 75004 Paris, 01 42 74 90 00, et BHV déco, centre commercial Rosny 2, 93117 Rosny-sous-Bois, 01 49 60 47 00 ; et toutes les adresses sur www.bhv.fr
Castorama, toutes les adresses sur www.castorama.fr
Jardineries Truffaut, toutes les adresses sur www.truffaut.com
Leroy-Merlin, toutes les adresses sur www.leroymerlin.fr

Les rideaux et les stores

Alinéa, toutes les adresses sur www.alinea.fr
BHV, 14, rue du Temple, 75004 Paris, 01 42 74 90 00, et BHV déco, centre commercial Rosny 2, 93117 Rosny-sous-Bois, 01 49 60 47 00 ; et toutes les adresses sur www.bhv.fr
Catalogue AMPM, www.laredoute.fr
Catalogue So'Home, www.sohome.fr
Fly, toutes les adresses sur www.flymeubles.com
Habitat, toutes les adresses sur le site www.habitat.fr
Ikéa, toutes les adresses sur www.ikea.fr

Tissu

Bouchara, 1-3, rue Lafayette, 75009 Paris, 01 42 80 66 95 et sur www.bouchara.com
Moline, 1, place Saint-Pierre, 75018 Paris, 01 46 06 14 66
Tissus Reine, 3 & 5, place Saint-Pierre, 75018 Paris, 01 46 06 02 31
Vente sur Internet, http://tissu.org

L'éclairage

Lampes et suspensions

BHV, 14, rue du Temple, 75004 Paris, 01 42 74 90 00, et BHV déco, centre commercial Rosny 2, 93117 Rosny-sous-Bois, 01 49 60 47 00 ; et toutes les adresses sur www.bhv.fr
Castorama, toutes les adresses sur www.castorama.fr
Catalogue AMPM, www.laredoute.fr

Les adresses

Habitat, toutes les adresses sur le site www.habitat.fr
Ikéa, toutes les adresses sur www.ikea.fr
Kartell, toutes les adresses sur www.kartell.it
Lafayette maison, 35, boulevard Haussmann, 75009 Paris, 01 42 82 34 56, et sur www.galerieslafayette.com
Leroy-Merlin, toutes les adresses sur www.leroymerlin.fr
The Conran Shop, 117, rue du Bac, 75007 Paris, 01 42 84 10 01, et sur www.conran.com

Guirlandes prédécoupées pour ampoules

Habitat, toutes les adresses sur le site www.habitat.fr

Interrupteurs

BHV, 14, rue du Temple, 75004 Paris, 01 42 74 90 00, et BHV déco, centre commercial Rosny 2, 93117 Rosny-sous-Bois, 01 49 60 47 00 ; et toutes les adresses sur www.bhv.fr
Castorama, toutes les adresses sur www.castorama.fr
Leroy-Merlin, toutes les adresses sur www.leroymerlin.fr

Pièces annexes

La buanderie

Lampes

BHV, 14, rue du Temple, 75004 Paris, 01 42 74 90 00, et BHV déco, centre commercial Rosny 2, 93117 Rosny-sous-Bois, 01 49 60 47 00 ; et toutes les adresses sur www.bhv.fr
Habitat, toutes les adresses sur le site www.habitat.fr
Ikéa, toutes les adresses sur www.ikea.fr

Papier peint

BHV, 14, rue du Temple, 75004 Paris, 01 42 74 90 00, et BHV déco, centre commercial Rosny 2, 93117 Rosny-sous-Bois, 01 49 60 47 00 ; et toutes les adresses sur www.bhv.fr
Castorama, toutes les adresses sur www.castorama.fr
Leroy-Merlin, toutes les adresses sur www.leroymerlin.fr

Séchoirs à linge

BHV, 14, rue du Temple, 75004 Paris, 01 42 74 90 00, et BHV déco, centre commercial Rosny 2, 93117 Rosny-sous-Bois, 01 49 60 47 00 ; et toutes les adresses sur www.bhv.fr
Castorama, toutes les adresses sur www.castorama.fr
Catalogue La Redoute, www.laredoute.fr
Vente sur Internet, www.webmarchand.com

Paniers à linge

BHV, 14, rue du Temple, 75004 Paris, 01 42 74 90 00, et BHV déco, centre commercial Rosny 2, 93117 Rosny-sous-Bois, 01 49 60 47 00 ; et toutes les adresses sur www.bhv.fr
Catalogue AMPM, www.laredoute.fr
Catalogue La Redoute, www.laredoute.fr
Habitat, toutes les adresses sur le site www.habitat.fr
Ikéa, toutes les adresses sur www.ikea.fr
Jardin d'Ulysse, 9, boulevard Malesherbes, 75008 Paris, 01 42 65 28 01 ; www.jardindulysse.com
The Conran Shop, 117, rue du Bac, 75007 Paris, 01 42 84 10 01, et sur www.conran.com

La terrasse

Bacs, plantes, sols en bois et salons de jardin

Botanic, adresses des magasins sur le site www.botanic.com
Bricorama, toutes les adresses sur www.bricorama.fr
Castorama, toutes les adresses sur www.castorama.fr
Jardineries Truffaut, toutes les adresses sur www.truffaut.com
Leroy-Merlin, toutes les adresses sur www.leroymerlin.fr
The Conran Shop, toutes les adresses sur www.conran.com
Vetedy, www.vetedy.com

Coussins et textiles impression nature

Les bucoliques, informations sur www.regionsdefrance.com
Mérésine, informations sur www.meresine.com

Le jardin

Plantes

Botanic, adresses des magasins sur le site www.botanic.com
Bricorama, toutes les adresses sur www.bricorama.fr
Jardineries Truffaut, toutes les adresses sur www.truffaut.com
Leroy-Merlin, toutes les adresses sur www.leroymerlin.fr

Sièges et meubles

Catalogue AMPM, www.laredoute.fr
Catalogue La Redoute, www.laredoute.fr
Fermob, liste des revendeurs au 0 825 899 286 ou sur www.fermob.fr
Jardineries Truffaut, toutes les adresses sur www.truffaut.com
Quator, www.quatuor.be
The Conran Shop, 117, rue du Bac, 75007 Paris, 01 42 84 10 01, et sur www.conran.com

Lanternes

Botanic, adresses des magasins sur le site www.botanic.com
Catalogue AMPM, www.laredoute.fr
Habitat, toutes les adresses sur le site www.habitat.fr
Ikéa, toutes les adresses sur www.ikea.fr
Jardineries Truffaut, toutes les adresses sur www.truffaut.com
The Conran Shop, 117, rue du Bac, 75007 Paris, 01 42 84 10 01, et sur www.conran.com

MEUBLES, MATÉRIAUX ET ACCESSOIRES

TECHNIQUES, ASTUCES, IDÉES

Index, crédits

REMERCIEMENTS

.'éditeur remercie les partenaires suivants : ***Fly*** (pp. 8-9, p. 25d, pp. 26-27, p. 33d, pp. 42-43, p. 50g, p. 54, p. 59d, p. 68g, p. 82g,). 102g, p. 103d) ; ***Heytens*** (www.heytens.fr p. 22, p. 23d, p. 39hm, p. 109bg, p. 163) ; ***Bianca and Family*** (www.bianca-and-family.com ;). 48hbd, affiche p. 53b : illustration de G. Bonmati et G. Michel, p. 165 : chaise Casala, stickers : Fleur de Kookyse) ; ***Artdecozen*** (p. 100) Photo de Isabelle Jiort, production "Actedeco", distribué pour www.artdecozen.com ; ***Ripolin*** (p. 103bg) ; ***Kartell*** (p. 130d, p. 172, lampe Bourgie, Ferruccio Laviani) ; ***JFTM*** (p. 55d : moquette Balsan Bagatelle www.balsan.com ; p. 107d : dalles Domo www.domocontract.be) ; Anne-Fleur Drillon pour son aide précieuse ·t efficace. R., G., M. & D. Tulett, et François Gillet, architecte DPLG (***agence ©EDGE,*** Paris - gilleti@aol.com) pour ses créations pp. 74, 84, 130 et 131.

CRÉDITS PHOTOGRAPHIQUES

©Pierre-Olivier : pp. 4-5, p. 6, p. 13hg, p. 15hg, p. 17hg, p. 19hg, p. 21hg, p. 23hg, p.24d, p. 25hg, pp. 30-31, p. 33hg, p. 35hg, p. 37hg, p. 39hg, ·. 41hg, p. 46, p. 47hgd, p. 49hg, p. 51hg, p. 53hg, p. 55hg, p. 57hg, p. 59hg, p. 65hg, p. 67hg, p. 69hgd, p. 71hg, p. 73hg, p. 75hg, p. 77hg, p. 83hg, .85hg, p. 86, p. 87hg, p. 89hg, p. 91hg, p. 93hg, p. 95hg, p. 101hg, p. 102d, p. 103hg, p. 105hg, p. 107hg, p. 109hg, p. 111hg, p. 119hg, p. 121hg, . 123hg, p. 125hg, p. 127hg, p. 129hg, p. 131hg, p. 137hg, p. 141hg, p. 145hg, pp. 146-147, pp. 148-149, pp. 150-151, pp. 152-153, pp. 154-155, p. 156-157, pp. 158-159, pp. 160-161. **Agence Inside** : S. ***Anton*** : p.12g (***Jaan de Baeyne***), p.15b (decorator : ***Sophie Dassio Da Silva***), p. 49d, . 108g, p. 162 ; ***House of Pictures/ L.Wendendahl*** : p.16 ; H&L/W. Heath : p.17bg ; ***B. Miebach*** : p.19m (designer : ***Didier Gomez***), p. 40 (designer : ***Didier Gomez***) ; ***M. Roobaert*** : p.19d (architect : ***F. Marcq***), p. 21d, p. 34d (propriétaire : ***M. Rasquinet*** www.chateaudecocriamont.com), p. 36, p. 74 architect : ***Frank Gehry***), p. 76d (decoration : ***Philippe Starck***), p. 85bg ; S. Clement : p. 20, p. 38 (stylist : ***V. Savagnac***), p. 92 (stylist : ***C. Dubosq***), p. 110 ; ***H&L/M. Lanning*** : p. 23b, p. 88, p. 90g, p. 169 ; ***E. Saillet*** : p.24g (stylist : ***Agence Detail***), p. 32 (stylist : ***Agence Détail***), p. 75b (architect : ***Luc Lefevre***), . 76g, p. 164 ; ***H&L/K. Rogers*** : p.25mg ; ***H&L/M. Hoyle*** : p. 30 ; ***L. Wauman*** : p. 31d (architect : ***K. De Baerdemaker)***, p. 37d, p. 39bd (style : ***C. Exelmans***), p. 41d (architect : ***Nathalie De Bael***), p. 66d p. 69bg, p. 71bg p. 93d, p. 94g (***K. De Baerdemaker***), p. 101d, pp. 112-113, p. 129d stylist : ***Emery & Cie*** 02/5135892, www.emeryetcie.com) ; ***K. Damstedt*** : p. 33b, p. 85bd, p. 126d ; ***H&L/Dook*** : p. 34g ; ***House of Pictures / K. Krogh*** : . 35d, p. 77bg, p. 83bg ; A. ***Von Einsiedel*** : p. 39hd, p. 77d, p. 87bg, p. 95d, p. 109d, p. 123d, p. 168 ; ***C. Exelmans*** : p. 39bd, p. 57d, p. 59bg, p. 108g, . 41bg ; ***House of Pictures/S. Helsted*** : p. 51d, p. 64g, p. 67d, p. 119bg ; ***H&/D. Ross*** : p. 52g ; ***B. Claessens*** : p. 56 (***House Bart Lens***), p. 91d, p. 94d, . 106g, pp. 132-133, p. 136 (designer : ***Rik Hendrickx,*** architect : ***Ludo Wouters***), p. 141d, p. 166, p. 173 ; ***M. Francken*** : p. 57d, p. 59bg, p. 41bg ; . ***Baralhe*** : p. 58 ; W. ***Waldron*** : pp. 60-61 ; ***H&L/S. Calitz*** : p. 64bd, p. 93bg, p. 104g, p. 170 ; ***H&L/M. Williams*** : p. 65d (nterior designer ***Kate Moffat,*** atemoffat@telkomsa.net), p. 119d, p. 171 ; ***House of Pictures/B.W. Drejer*** : p. 89d, p. 104d ; ***J. Hall*** : pp. 96-97(architect : ***Page Goolrick***) ; ***House of Pictures/C. Press*** : p. 105bg ; ***House of Pictures/L. Wendendahl*** : p. 105d, p. 106d ; ***H&L/A. Geldenhuys*** : p. 111d ; S. ***Dos Santos*** : p. 118 ; ***J. Caillaut*** : . 120d (décoration : ***Monique Duveau***) ; ***H&L/D. Chatz*** : p. 121d ; ***H&L/R. Smith*** : p. 122g ; ***I.A / F. Von Der Schulenburg*** : p. 122d, p. 140 (decorator : ***Bruce Oldfield***) ; ***T. Jeanson*** : p. 124d ; ***I.A/M. Luscombe Whyte*** : p. 125bg (decorator : ***J. Faillant-Dumas***) ; ***D. Vorillon*** : p. 125d (designer and architect : ***Roy Mc Makin***) ; ***H&L/P. Gordon*** : p. 144g ; ***I.A/S. Upton*** : p. 145d ; **Agence Marie-Claire** : ***C. Dugied/C. Puech*** : p. 18 ; ***G. de Chabaneix*** : p. 48g, . 66g ; ***G. de Chabaneix/C. Ardouin*** : p. 82d ; ***L. Teisseire/C. Ardouin*** : p. 52d ; ***J. Galland/Aleph*** : p. 57bg ; ***P. Lepreux/D. Souffan*** : p. 68d, p. 167 ; . ***Barbe*** : p. 72 ; ***M. Schwartz*** : p. 73d ; ***M. Bousquet*** : p. 73bg ; ***E. Flogny/Aleph/C. Ardouin*** : pp. 78-79, p. 87d ; ***E. Flogny/Aleph/J. Postic*** : p. 127d ; . ***Cuc/M. Martin*** : p. 108d ; ***P. Chauvelot/M. Bocquillon*** : p. 111bg ; ***N. Tosi*** : p. 120g ; ***J. Caillaut/C. Hornez*** : p. 124g ; ***V. Leroux/J. Postic*** : p. 126g ; **Germain Suignard** : p. 74g ; p. 84 ; p. 130g ; p. 131d ; Captures d'images : **e-Novamedia** / Laurent Gaulet : p. 12d, p. 13d, bg, p. 14d, p.15d, . 17d, p. 31 gm, gb, p. 35gb, p ; 47bg, p. 50d, p. 77mg, p. 83d, p. 89bg, p. 95bg, p. 107bg ; DR : p. 19m, p. 39bg, p. 51bg, p. 90d, p. 91b, . 101, p. 144 ; **Agence Masterfile** : p. 128 ; ***Susan Findlay*** : p. 70, p. 71d ; ***Ron Fehling*** : p. 137b ; ***Jennifer Burrell*** : p. 66d.

Installation du Programme

Live CAD
Build Your Dreams. Make Them Real !
www.livecad.fr

1. Insérez le DVD du programme dans votre lecteur de DVD-ROM.
La fenêtre de démarrage apparaît.
2. Cliquez sur le bouton **Installer** pour ouvrir la fenêtre d'accueil de l'assistant d'installation.
Une fenêtre d'avertissement peut apparaître, cliquez sur Exécuter pour poursuivre l'installation.

Remarque : Si la fenêtre d'installation du logiciel n'apparaît pas, cliquez sur le bouton Démarrer, puis sur l'option Exécuter... Entrez D:\Menu.exe (en supposant que votre lecteur de DVD-ROM est le lecteur D) et appuyez sur la touche <Entrée> ou cliquez sur OK.

Ecran d'Accueil

3. Cliquez sur **Suivant** pour continuer l'installation.

Accord de Licence

4. Lisez l'Accord de licence attentivement. Vous devez cliquer sur la case *"Je comprends..."* pour accepter les termes de l'accord avant de pouvoir continuer en cliquant sur le bouton **Suivant**.

Répertoire d'installation

5. Par défaut, le programme s'installera dans le répertoire C:\Program Files\Hachette pratique\Décoration et bricolage.
Cliquez sur le bouton **Parcourir** pour sélectionner un répertoire d'installation différent. Cliquez sur **Suivant** pour continuer.

Répertoire de Programme

6. Le nom du répertoire de programme s'affiche par défaut.
Cliquez sur **Suivant** pour continuer.
7. L'assistant vous propose ensuite d'installer 2 applications et aussi de créer des raccourcis.
8. Cliquez sur **Suivant**. L'ensemble des options d'installation sélectionnées s'affiche.
Cliquez sur **Installer** pour procéder à l'installation du logiciel.

Fin de l'Installation

9. Une fois les fichiers installés, cliquez sur **Terminer** pour redémarrer votre ordinateur.

Lancement du logiciel

10. Lancez le logiciel en cliquant dans le menu de démarrage **Démarrer** ou le raccourci présent sur votre bureau.

Dépôt légal : octobre 2008
ISBN : 978-2-01-237740-0
23-48-7740-01-6
Achevé d'imprimer par Graphicas Estella en Espagne